WESTEND

Rudolf Rach

Großes Glück mit kleiner Flamme

Kochen ist Widerstand

Mit Fotografien von Max Ratjen

WESTEND

Mehr über unsere Autoren und Bücher:
www.westendverlag.de

Die Deutsche Nationalbibliothek verzeichnet diese Publikation in der Deutschen Nationalbibliografie; detaillierte bibliografische Daten sind im Internet über http://dnb.d-nb.de abrufbar.

FSC
www.fsc.org
MIX
Papier aus verantwortungsvollen Quellen
FSC® C014889

ISBN: 978-3-86489-398-8

Umschlaggestaltung: Buchgut, Berlin
Satz: Publikations Atelier, Dreieich
Druck und Bindung: Pustet, Regensburg
Printed in Germany

Das Feuer machte die Menschen erst zu Menschen.
Und es machte sie den Göttern ein wenig ähnlicher.
Aischylos, *Der gefesselte Prometheus*

Für den jungen Arthur,
bei dem ich eines Tages
gerne essen möchte.

Inhalt

Sardellen

Ich war noch keine zwanzig, als mich ein Freund in die Mensa der Pariser Universität zum Essen mitnahm. Ein großer neonbeleuchteter Raum, in dem es lautstark zuging. Temperamentvoll wurde über die Tische hin und her geredet, und ab und zu segelten Papierflieger durch die Luft. Manchmal fingen die Studentinnen sie auf, aber meistens warfen sie als Antwort nur ihre langen Haare über die Schultern. Der Ort hatte nichts von einem gemütlichen französischen Bistro. Trotzdem hat dieser Besuch mein Leben nachhaltiger geprägt als spätere Essen in hochgepriesenen Restaurants. Meine Sinne sind damals auf etwas Neues gestoßen, wonach sie verlangten, ohne dass ich es gesucht oder auch nur geahnt hätte. Damals, als die Mikrowelle noch nicht erfunden war und Tiefkühltruhen erst auf dem Reißbrett standen. Als in der Küche gekocht wurde. Und zwar da, wo das Essen auch auf den Tisch kam. Damals, als ich das Glück der Erde in einer Salatschüssel fand.

Die alten Griechen nannten solche Momente den Kairos, den glücklichen Augenblick.

Der Salat mit den Anchovis-Filets, *la salade niçoise* in der Mensa, hatte so atemberaubend gut geschmeckt, dass ich unbedingt nach Paris wollte, um diesen Genuss wieder zu erleben. Ich überredete eine Freundin zu einem kulturellen Ausflug in die französische Hauptstadt, und während der langweiligen Busfahrt über platanenbestandene Landstraßen schwärmte ich von dem herrlichen Geschmack der Sardellen. Ich war so scharf darauf, dass wir uns gleich nach der Ankunft in dem winzigen Hotel am Rande von Saint-Germain-des-Prés auf die Suche nach einem Lebensmittelgeschäft machten, um eine Portion der herrlichen kleinen Heringe zu erwerben. Tatsächlich gab es in der erstbesten Épicerie Konserven mit eingelegten Anchovis. Wir kehrten ins Hotel zurück, und ich schlitzte mit meinem Fahrtenmesser die Dose auf; felsenfest davon überzeugt, dass uns ein dionysischer Genuss erwartete.

Was hast du denn da gekauft, kreischte die Freundin, die Biester liegen ja in einer Salztunke!

Als ich vorsichtig probierte, schmeckte das Sardellenfilet so ekelhaft, dass ich es gleich wieder ausspuckte. Meine Freundin wandte sich angewidert ab, und ich rannte zurück in das Geschäft; fragte die Verkäuferin, was sie mir da verkauft habe.

Hören Sie, belehrte sie mich, die Anchovis müssen natürlich gewässert werden, bevor sie auf den Tisch kommen. Das Salz dient der Konservierung.

Also zurück ins Hotel. Meine Freundin sah mich entgeistert an.

Und wo willst du die Fische wässern?

Im Waschbecken, eine Dusche gibt's hier ja nicht.

Was hältst von der Seine?, fragte sie ungerührt.

Als ich die Sardellen ins zugestöpselte Waschbecken kippte, lief auch die Salztunke mit ins Wasser. Fünf Minuten später ein neuer Anlauf. Immer noch abscheulich, nicht im Entferntesten der Geschmack, nach dem ich suchte. Wie Himmel und Hölle, kein Vergleich zu dem, was ich gegessen hatte.

Sie müssen eben länger im Wasser liegen, erklärte ich trotzig.

Und wo darf ich mich waschen?

Bitte, sei keine Spielverderberin, bis morgen früh kannst du dich gedulden; entweder sie schmecken dann, oder sie fliegen in den Mülleimer.

Die armen Fische, stöhnte sie.

Die Nacht war unruhig, und gegen meine Gewohnheit sprang ich früh aus dem Bett. Im Licht der schwachen Funzel über dem Spiegel schwammen die Sardellen bleich im Wasser. So unappetitlich wie Leichen, die mehrere Tage in einem See gelegen haben. Aus mit der Idee, noch einmal zu probieren. Im Gegenteil, die sich langsam zersetzenden Fischleiber ekelten mich so, dass ich sie mit der Hand aus dem Wasser schöpfte und in eine Tüte stopfte. So schnell wie möglich weg damit.

Endlich, gähnte meine Freundin, sprang aus dem Bett und drängte mich vom Waschbecken.

Kunst und Kochen

Im Jahre 1822 erschien in Deutschland ein Buch mit dem Titel *Vom Geiste der Kochkunst.* Sein Autor war ein den Künsten gewogener Freiherr namens Carl Friedrich von Rumohr, der in einem Vorwort erklärte, es handele sich um das Werk seines Leibkochs Joseph König; dieser brauche die Einnahmen aus dem Verkauf des Buchs, um die Erziehung seiner heranwachsenden Söhne zu finanzieren. Offenbar schämte sich der Freiherr, ein Kochbuch geschrieben zu haben, ja sich überhaupt für Fragen des Kochens zu interessieren. Für einen deutschen Adligen war das zu Beginn des 19. Jahrhunderts ein heikles Unterfangen. Ein deutscher Mann, zumal ein Freiherr, hatte anderes zu tun als sich mit dem Kochen zu beschäftigen. Das war Sache der Frauen.

Ins Auge springt, dass Rumohr über den »Geist« der »Kochkunst« schreibt. Er liefert keine Rezeptsammlung, wie möglichst viel Suppe aus einem Stück Fleisch herauszuholen ist oder wie man schnell ein Menü für zwanzig Personen auf den Tisch zaubert. Es geht ihm nicht ums Produzieren, sondern um den Geist, der gutes Essen möglich macht. Der

Geist, der in der Küche des Freiherrn herrschte, ging über das alltäglich Praktische hinaus und band das Kochen in ein historisches Ganzes ein, in die Geschichte des europäischen Kochens. Sagen wir ruhig: in die Geschichte der Kochkunst.

Der Freiherr verfügte über genügend Dukaten, um sich längere Reisen erlauben zu können. Er kannte nicht nur den Norden Deutschlands, aus dem er stammte, auch der Süden war ihm vertraut. Er wusste, dass die Italiener der Natur und ihren Produkten näher geblieben waren als die Franzosen mit ihrer Vorliebe für komplizierte Saucen und kulinarische Arrangements, die nur ahnen ließen, woraus sie eigentlich hergestellt wurden.

Rumohr nannte das Kochen eine Kunst, weil er wusste, was zur Kunst dazugehört. Er war mit vielen Künstlern befreundet, insbesondere den Nazarenern, einer Gruppe von deutschen Malern, die zu Beginn des 19. Jahrhunderts nach Rom ausgewandert waren und deren handwerkliches Können, deren Formen- und Farbensinn Rumohr bewunderte. Gewiss waren die Maler und Bildhauer keine Kostverächter und Rom auch damals schon ein Ort, an dem sich vorzüglich tafeln ließ.

Was verbindet das Kochen mit den Künsten? Es ist der Sinn für Proportionen. Ohne diese Eigenschaft und ein gewisses Maß an Einfallsreichtum bringt ein Künstler es nicht weit, und in der Küche ist das ähnlich. In der Malerei nennt man die, die ein Werk nachbilden, Kopisten. Auch die Köchin oder der Koch sollten sich von Maßen und Gewichten befreien und sich auf den eigenen Geschmack verlassen. Im Übrigen: Wenn das Essen gut schmeckt, sieht es auch gut aus. Das Umgekehrte gilt leider nicht.

Rumohr konnte sich umso besser mit dem Geist des Kochens auseinandersetzen, als er mit den verschiedenen Küchen Europas, der italienischen und französischen vor allem, bestens vertraut war. Er wusste, wo gut gekocht wurde, kannte die einschlägigen Adressen.

In meinen Regalen haben sich im Laufe der Jahre die verschiedensten Kochbücher versammelt, und ich will nicht abstreiten, dass der eine oder andere Blick in die oft dicken Wälzer auch geholfen hat. Doch in der Küche steht keines; ich spiele nicht vom Blatt. Die meisten der hier beschriebenen Rezepte gehen auf Besuche in Restaurants zurück. Wenn etwas gut geschmeckt hat, habe ich es mir gemerkt und zu Hause »nachgekocht«.

Ein Buch über das Kochen zu schreiben, wäre mir allerdings kaum in den Sinn gekommen, wenn es in den kulinarischen Folianten um etwas anderes als um Rezepte gegangen wäre. Gewichte und Mengenangaben sind jedoch etwas sehr Abstraktes. Rezepte sind eine Art Gebrauchsanweisung. Das Kochen, wie ich es verstehe, ist eine geistige – und natürlich physische – Anstrengung; verlangt eine höllische Konzentration und setzt Spontaneität voraus, die sich unabhängig von der Vorlage macht. Wenn der Herd angeworfen wird, muss man das Essen, das auf den Tisch kommen soll, im Kopf haben, und während der Arbeit darf man nicht aus der Balance geraten. Wenn Leute in die Küche schlendern und ihre Nasen in die Töpfe stecken, werde ich nervös.

Weil sich die zur Verfügung stehenden Nahrungsmittel täglich ändern, setzt das Kochen Improvisationsgabe voraus. Und weil die Zusammensetzung des Essens variiert, schmeckt es immer etwas anders. Da die Ausgangsmaterialien nie dieselben sind und nie dieselben sein können, muss der Koch seine Fantasie spielen lassen, seinen Sinn für Proportionen beweisen. Meist sind nur geringe Anpassungen nötig, um trotz veränderter Umstände ein Essen auf den Tisch zu bringen, das die Gäste und ihn selbst erfreut. Es kann nicht immer gleich schmecken, warum sollte es auch?

Der Vergleich mit einer künstlerischen Tätigkeit zielt schon in die richtige Richtung. Kochen ist ein schöpferischer Vorgang, dessen Ergebnis nicht aufbewahrt und in Museen ausgestellt wird – wie die Eat-Art von Daniel Spoerri, der selbst ein begeisterter Koch war und viele Jahre in Düsseldorf ein Restaurant führte –, sondern alsbald verzehrt wird. Dafür beißt es sich, wenn es gut ist, in die Erinnerung der Gäste. Setzt sich in ihren Köpfen fest, und noch Jahre später erzählen sie davon. Die Erinnerung spannt sich wie eine Brücke zum vergangenen Genuss. So nährt ein Essen noch viele Jahre danach. Deshalb ärgerte es mich, wenn meine Mutter stöhnte: So viel Arbeit für so wenig (sie meinte damit die kurze Dauer des Essens). Diese Behauptung ist grundfalsch, weil sie eine Trennung von Körper und Geist voraussetzt, die eine gute Küche täglich widerlegt. Die Heidenarbeit wird belohnt, weil gutes Essen nicht nur unserem körperlichen Wohlbefinden zugutekommt, sondern auch unserem seelischen, und als Erinnerung unser geistiges Erbe bereichert.

Selbst mit feinsten Pinseln und besten Farben ausgestattet, wird niemand zum Maler. Dazu gehört eine Leidenschaft für die Suche nach Formen und Farben, die erste und vielleicht wichtigste Voraussetzung; hinzu kommen Talent und viel Training. Immer wieder Training. Ohne Talent und Training geht nichts, bleibt alles im Ungefähren. Und selbst mit Talent und Übung ist das Ergebnis nicht garantiert. Und wenn etwas danebengeht oder nicht wirklich gelungen ist, gilt es, sich damit abzufinden. Der nächste Versuch wartet schon.

Töpfe und Pfannen

Wir essen nicht mehr mit den Fingern, benutzen Messer und Gabel. In den Schränken stehen Töpfe und Pfannen, in den Schubladen liegen Messer und Spatel, um uns das Kochen zu erleichtern. Welche Werkzeuge sind unabdingbar zum Kochen? Auf jeden Fall geht es nicht ohne Messer in allen Varianten. Es ist erstaunlich, wie verschieden sie sind, welche Auswirkung die Länge der Klinge und des Griffs auf das Schneidverhalten haben. Eine Zwiebel schält sich naturgemäß besser mit einem kleineren Messer, und einen Wirsing zerlegt man einfacher mit einer längeren Klinge. Es gibt Tausende von Messern, und zum Schluss bleiben nur wenige übrig, die einem perfekt in der Hand liegen.

Die Messer müssen scharf sein, und damit sie es bleiben, braucht man ein Gerät, mit dem man sie schärfen kann. Selbstverständlich gibt es die alten Schleifmethoden, auf entsprechenden Wetzsteinen, die sich auch für japanische Messer eignen. Bequemer ist ein Wetzstahl oder der Schleifbock einer guten Firma. Wenn man Stahlmesser vor dem Gebrauch ein- oder zweimal durch den Bock zieht, werden sie im Handumdrehen scharf. Messer, die nicht schneiden, verderben einem die Lust am Kochen und sind gefährlicher als Klingen, die scharf sind.

Natürlich geht es auch nicht ohne einen Herd, auf dem gekocht wird. Der Ausdruck »kochen« trifft die Sache allerdings nicht genau, denn unter Kochen versteht man in der Chemie eine Erhitzung auf mindestens 100 Grad Celsius. Eine Feuerstelle erhitzt die Flüssigkeit (in der sich die zu garenden Zutaten befinden) bis zum Siedepunkt und bringt sie unter Dampfentwicklung in wallende Bewegung. Hier kriegen wir es jetzt mit dem Geist der Kochkunst zu tun. Nur welchem? Es ist reine Willkür, die sich in Blasen manifestiert. Warum müssen es gerade 100 Grad sein? Und warum so viel Energie verschwenden?

Gemüse, Fleisch oder Fisch auf derart hohe Temperaturen zu bringen, ist dem Geschmack abträglich; die Hitze zerstört zudem wichtige Vitamine. Ich möchte dem natürlichen Geschmack so nahe wie möglich bleiben und koche auf kleiner Flamme. So lässt sich jedes Gericht viel leichter kontrollieren. Und um die Temperatur schnell und stufenlos ändern zu können, bevorzuge ich einen Gasherd.

Das oberste Gebot, das Grundgesetz des Kochens lautet: Auf kleiner Flamme, um alle Substanzen so naturbelassen wie möglich zu lassen.

Klimaschützer werden gegen das Verbrennen fossiler Energien Einwände erheben, und selbstverständlich können auch auf elektrischen Öfen gute Gerichte gekocht werden. Doch bleibt die leicht und präzise steuerbare Gasflamme für mich das beste Mittel, den Inhalt der Töpfe oder Pfannen auf die gewünschte Temperatur zu bringen.

Fangen wir bei den Pfannen an. Viele Jahre lang habe ich nur mit Gusspfannen gearbeitet. Französische und auch schwedische Hersteller bieten exzellente Produkte an. Erst in neuerer Zeit benutze ich auch Stahlpfannen, vor allem von deutschen Herstellern. Sie sind leichter zu säubern, vertragen auch die Spülmaschine, im Gegensatz zu den gusseisernen, die empfindlich auf Reinigungsmittel und zu viel heißes Wasser reagieren und die man nur kurz mit der Hand abspülen und dann gleich mit einem Küchenpapier trocknen sollte. Damit sie nicht oxydieren, empfiehlt es sich, sie mit ein paar Tropfen Olivenöl auszuwischen; so bleibt eine dünne Schutzschicht. Je häufiger die Pfannen gebraucht werden, umso leichter ist auch ihre Pflege, denn die Poren des Eisens nehmen das Öl oder Fett auf und schützen es vor Rost.

Die Reaktivität des Materials ist der Grund dafür, dass zwischen dem Bratgut und der Pfanne eine chemische Reaktion stattfindet. Das kann sich vorteilhaft auf den Geschmack auswirken und bestätigt sich vor allem beim Braten von Fleisch. Fisch ist empfindlich, in der Regel sollte er gedünstet und nicht gebraten werden; dazu gibt es einen länglichen Fischtopf, der mit etwas Wasser – ein bis zwei Zentimeter – gefüllt wird. Der Fisch wird auf einen Einsatz gelegt, damit er nicht im Wasser liegt, sondern durch den Dampf gegart wird.

Eine andere Möglichkeit besteht darin, den Fisch auf Zwiebelscheiben in eine Keramikschüssel zu legen, den Boden mit Olivenöl zu bedecken und im Ofen auf schwachem Feuer zu garen. Niemals eine Scheibe Zitrone, ein oder zwei Lorbeerblätter und die Butter vergessen. Die

Redewendung »Gib mal Butter bei die Fische« trifft tatsächlich den Nagel auf den Kopf.

Last but not least: Wer sich langsam, aber sicher vergiften will, fällt auf den Teflonschwindel rein. Wie kann man nur glauben, dass es zwischen den Plastikbelägen in den Töpfen und Pfannen und unserer Nahrung nicht zu Reaktionen kommt? Nur wer darauf pfeift, bei jedem Essen eine kleine Portion Plastik zu sich zu nehmen, und sei es in geringsten Dosen, wird den Versprechungen der Industrie Glauben schenken.

Der philosophische Ort

Arthur war noch ein kleiner Junge, vielleicht sechs oder sieben, als er zu Besuch kam. Er sagte nicht, du kochst gut oder es schmeckt mir, sondern kratzte sichtlich zufrieden mit der Gabel die letzten Reste auf dem Teller zusammen.

Wenn die Teller sich leeren, ist das ein notwendiges, wenn auch kein hinreichendes Zeichen dafür, dass gut gekocht wurde. Später, als Arthur längst wieder bei seinen Eltern war, warf er seiner Mutter vor, das Gemüse schmecke ihm nicht so gut wie bei mir. Vielleicht war ihm irgendetwas über die Leber gelaufen, und er nutzte die Gelegenheit, seiner Mutter eins auszuwischen. Vielleicht aber spukte ihm tatsächlich das Essen in der Erinnerung herum. Menschen jeden Alters haben ein erstaunliches Vermögen: Kulinarische Reize können sich einprägen wie Liebesgeschichten, man vergisst sie nie wieder; und ohne es genau zu wissen, sehnen wir uns danach, den lustvollen Moment erneut zu erleben.

Arthur ist jetzt zehn, und vor ein paar Tagen hat ihn seine Mutter in der Küche beobachtet, wo er selbstverloren am Herd stand und in einer Pfanne ein kleines Stück Speck briet; ganz vorsichtig, auf kleiner Flamme.

Seine Mutter hat mir das lachend erzählt, und seither lässt mich die Idee nicht mehr los, ein Kochbuch für ihn zu schreiben. Dabei gibt es Kochbücher wie Sand am Meer, und meistens werden dort Rezepte in Hülle und Fülle aufgetischt. Warum, zum Teufel, noch ein weiteres Kochbuch? Einfach deshalb, weil es hier um etwas anderes geht: um den Geist, mit dem gekocht wird. Der Geist, der über einer Küche schwebt, entscheidet darüber, was auf den Tisch kommt.

Selbstverständlich ist die Küche ein Ort, an dem Handwerker bei der Arbeit sind. Köche sind in erster Linie Handwerker. Sie müssen genau sein, konzentriert, schnell und geschickt. Ohne einen Sinn für Maße geht nichts. Kochen ist anstrengend, verlangt vollen Einsatz. Wie in der Formel 1: Nach anderthalb Stunden sind die Fahrer erschöpft, die Konzentrationsfähigkeit lässt nach, und niemand fährt über die Ziellinie, der nicht bis zum Schluss höllisch aufpasst.

Kochen fordert fast immer die simultane Kontrolle verschiedener Vorgänge, es ist eher ein Metier für Jongleure, sodass der Koch eigentlich nichts am Tisch zu suchen hat. Das ist eine Zumutung, die im Familien- und Freundeskreis kaum jemand akzeptieren wird, kann aber als einer der Gründe angesehen werden, warum man selten wirklich gut isst. Wie viele Bücher gibt es, in denen minutiös beschrieben wird, was zu tun ist, damit das Essen im »Handumdrehen« auf den Tisch kommt? Alles soll schnell gehen, aber zwischen Schnelligkeit und Schludrigkeit ist es nur ein Schritt.

Jedes Essen hat eine Vor- und Nachgeschichte. Mit dem Einkauf fängt es an, und mit der Zufriedenheit der Gäste endet es. Was in der Küche passiert, entspringt unmittelbar der geistigen Verfassung der Köchin oder des Kochs. Die Sicht auf die Welt, der Umgang mit ihr entscheiden darüber, was auf den Tisch kommt. Eine wichtige Erkenntnis ist, dass kein Essen so schmeckt wie das vorherige. Alles ändert sich, sowohl die Zusammensetzung des Essens als auch unsere eigene Befindlichkeit. Der griechische Philosoph Heraklit lehrte uns: Man kann nicht zweimal in denselben Fluss steigen.

Früher standen die Mütter stundenlang am Herd und bereiteten so liebevoll wie sorgfältig die Gerichte zu. Sie bedienten sich der kürzesten Lieferkette: Die Zutaten wurden direkt aus dem Garten oder Keller geholt. Die Familie setzte sich an den Tisch und würdigte die Arbeit der Mutter; in vielen Familien wurde ein Gebet gesprochen, und alle blieben so lange sitzen, bis der Vater die Tafel aufhob. Das war einmal.

Durch die langen Lieferketten ist es immer schwieriger geworden, an frisches Gemüse oder Obst zu kommen. Das Aussehen der von Weitem herantransportierten Lebensmittel wird durch Tiefkühlung konserviert, und im Supermarkt wird durch raffinierte Bewässerung dem Kunden suggeriert, er habe frische Ware vor sich. In Wirklichkeit ist sie während ihrer langen Anreise beinahe geschmacklos geworden. Oder schlimmer: Sie hatte nie einen natürlichen Geschmack. Weil es sich um Sorten handelt, die dafür gezüchtet werden, den schönen Schein zu wahren, dem Auge zu gefallen, den Kunden zu verführen. Fast ist es egal, wie sie schmecken. Das gilt für Obst und Gemüse, aber auch für Fleisch und Fisch.

Alles muss schnell gehen; selbst die Zeit zum Essen wird immer kürzer. Wenn man aus dem Fenster schaut, sieht man auf der Straße Leute, die im Gehen telefonieren und gleichzeitig einen Imbiss verschlingen. Die Fast-Food-Welle ist über die Welt hinweggerollt, der Mangel an Zeit entschuldigt alles, obwohl – paradoxerweise – die offiziellen Arbeitszeiten immer kürzer geworden sind.

Beim Essen und Trinken geht es nicht nur um physiologische Vorgänge. Hunger und Durst verweisen auf einen größeren Zusammenhang. »Erst kommt das Fressen, dann die Moral«, erklärt der Bandit Mackie Messer in Bertolt Brechts *Dreigroschenoper*. Ein hungriger Bauch studiert nicht gerne, und doch lebt der Mensch nicht nur allein vom Brot. Und noch ein Sprichwort: Wer richtig isst und trinkt, schafft es, Leib und Seele zusammenzuhalten.

Gutes Essen und Trinken sind auch ein Beitrag zu einer nachhaltigeren Welt. Je besser die Speisen, umso weniger wird weggeschmissen. Umso eher lassen sie sich übrigens auch wieder aufwärmen. Und die guten Produkte, die dazu gebraucht werden, finden sich nur da, wo mit der Natur schonend umgegangen wird. Daran wird keine Erfindung etwas ändern.

Bratkartoffeln und Gemüse

Wer will bestreiten, dass das Wort »Sättigungsbeilage« kein Gewinn für die deutschen Sprache ist? Mich jedenfalls erinnert es an »Bettvorleger« oder »Stoßlüftung«. Nach dem Fall der Mauer habe ich es zum ersten Mal auf einer Berliner Speisekarte entdeckt. Ein Glück, dass der Duden es als ein regionales und zudem veraltendes Wort bezeichnet. Wie auch immer, man muss wissen, was sich dahinter verbirgt: Gemüse oder die Kartoffeln, die als Beilage gereicht werden und die eigentlich der Kern des täglichen Speiseplans sind oder sein sollten.

Das Urgericht ist eine Pfanne mit Gemüse. Gemüse wächst vor allem im Frühjahr und Sommer, aber auch im Herbst und Winter gibt es einiges, was sich als Gemüse zubereiten lässt. Die Chinesen garen sie im Wok mit seinem kugelförmig gerundeten Boden. Eine andere Möglichkeit besteht darin, eine größere Pfanne mit einem sich nach außen öffnenden Rand zu wählen, die das Verdampfen des Wassers erleichtert.

Es stimmt: Die Zubereitung einer Gemüsepfanne erfordert Arbeit; nicht nur die Vorbereitung, auch das Garen nimmt Zeit in Anspruch. Unter einer Stunde geht kaum etwas, jedenfalls dann, wenn es schmecken soll. Der Vorteil ist, dass man eine Pfanne mit Gemüse fast ohne geschmacklichen Verlust ein zweites Mal aufwärmen und servieren kann. Olivenöl ist ein wunderbares Konservierungsmittel.

Mit dem Einkauf geht es los: Man wähle das Frischeste, was angeboten wird. Der Reiz besteht darin, nicht nur ein Gemüse, sondern, je nach Saison, verschiedene zu einem Bouquet zusammenzustellen; dadurch erreicht man einen komplexeren, vielfältigeren Geschmack. Zwiebeln und Knoblauch spielen eine entscheidende Rolle, sie sind die Basis. In Verbindung mit Olivenöl, in dem sie glasig gedünstet werden.

Das wäre also der erste Schritt. Je nach Härte der verschiedenen Gemüse kann man sie gleichzeitig oder hintereinander in die Pfanne legen. Also den Wirsing oder den Grünkohl zuerst und die Tomaten oder Pilze, die am schnellsten weich werden, immer erst gegen Schluss.

Welche Gemüse? Das entscheidet die Saison, im Sommer sind es andere als im Winter. Auf jeden Fall zählen dazu: Karotten, Fenchel, Sellerie, Brokkoli, Chicorée, Lauch, Bohnen, Erbsen, Paprikaschoten, Wirsing, Blumen- oder Spitzkohl. Spargel und Mangold natürlich auch. Wer es pfeffrig mag, schneidet eine frische Peperoni dazu. Spargel mag ich am liebsten ohne andere Gemüse, es sei denn mit Artischocken, die ihm eine herbe Note geben. Im Sommer passt auch eine Tomate dazu, aber Vorsicht, sonst schmeckt der Spargel wie eine Tomatensauce.

Nicht zu vergessen: die verschiedenen Kräuter. Petersilie, Minze, Basilikum, Salbei, Bohnenkraut, um die gängigsten zu nennen. Rosmarin oder Thymian, die auch in einem Topf auf dem Balkon gedeihen, verleihen den Gemüsen eine besondere Würze. Gut pfeffern und wenig salzen. Am besten Meersalz, weil es würziger und gesünder ist. Und wenn der Pfannenboden trocken zu werden droht, einfach etwas Olivenöl zugießen.

Natürlich müssen die Gemüse, je nach Verschmutzung, vorher gereinigt und auf die richtige Größe geschnitten werden. Was ist die richtige Größe? Sagen wir: vier bis fünf Zentimeter lang und nicht mehr als einen Zentimeter dick, und die härtesten wie Karotten oder Grünkohl kommen zuerst in die Pfanne. Geduld ist gefragt, damit einerseits das Gemüse nicht anbrennt und andererseits das Wasser langsam verdampfen kann. Wasser verdünnt den Geschmack, es muss deshalb sanft in den Küchenhimmel befördert werden.

Eine krautige Pflanze mit gefiederten Blättern und weißen, rosa oder violetten Blüten habe ich noch nicht erwähnt: die Kartoffel. Sie verdient eine besondere Berücksichtigung. Denn sie ist nahrhaft und kann, wenn nicht zu weich und mit der Schale gegart, zu einer Delikatesse werden. Man braucht nur etwas gesalzene Butter darüber zergehen zu lassen, vielleicht ein oder zwei Pfefferkörner. Sie passt zu allem, zu Fisch und Fleisch und selbstverständlich auch zu einer Gemüsepfanne.

Beliebt sind Bratkartoffeln, die gut zu Fleisch und Würsten schmecken. Hierzu empfiehlt sich eine Eisenpfanne mit einem höheren Rand. Im Gegensatz zu anderen Gemüsen sollten die Kartoffeln nicht weich werden. Zweidrittel Kartoffeln, am besten mit Schale, ein Drittel

Zwiebeln, in Streifen geschnitten, eine Knoblauchzehe, Rosmarin, Thymian, Petersilie; selbstverständlich auch andere Kräuter wie Salbei und Minze oder Lavendel. Die festkochenden Kartoffeln gut waschen, alles, was den Geschmack beeinträchtigen könnte, entfernen und in mittelbreite Scheiben schneiden. Den Pfannenboden mit Olivenöl bedecken, Zwiebeln und Knoblauch kurz anbraten, nein nicht braten, sondern abwarten, bis sie sich mit Öl vollgesaugt haben und gleich die rohen Kartoffelscheiben dazugeben. Die Kräuter etwas später, je nach Härte, damit sie ihr volles Aroma entfalten. Kurz bevor die Kartoffeln »al dente« sind, mit einem Stich gesalzene Butter verfeinern.

Die Nebenbuhler-Sauce

Das Rezept steht in keinem Kochbuch, jedenfalls nicht unter diesem Namen. Warum also heißt sie bei uns »Nebenbuhler-Sauce«?

Ein Nebenbuhler ist jemand, der im Werben um die Gunst einer Frau als Rivale auftritt. Das Wort ist in die Jahre gekommen, und die Geschichte, die sich damit verbindet, ist auch schon einige Zeit her.

Ich kann mich nicht mehr genau darin erinnern, wie die erste Begegnung zustande kam. Ich glaube, es war während der Dreharbeiten zu einem Kurzfilm in einer alten Mühle. Der Besitzer kochte für die Crew; ein Mann in meinem Alter mit einer einnehmenden Freundlichkeit. Er kochte nicht nur, sondern sah auch aus wie die meisten Köche: rundlich bis in die Tiefen des Körpers hinab. Das Gemütliche, das er ausstrahlte, war ansteckend. Probleme, die es bei Dreharbeiten immer gibt, lösten sich beinahe von selbst, weil sich auch Streithammel beim Essen wieder versöhnten.

Der Kontakt brach nicht ab, und schone wenige Wochen später stand der Mann auch bei uns zu Hause am Herd. Er hatte ein Faible für die italienische Küche, und Spaghetti mit Saucen gehörten zu seinen Standardgerichten. Eine Sauce mit Sardellen und Knoblauch schmeckte uns besonders gut.

Damals hatte ich vom Kochen noch keine Ahnung, setzte mich zum Essen an den Tisch und freute mich, wenn es mundete. So fiel mir nicht auf, dass er immer öfter ins Haus kam und meiner Frau schöne Augen machte. Was nicht weiter erstaunlich war, weil mögliche Nebenbuhler nur in seltenen Fällen ihre Absichten offen zu erkennen geben.

Einige Monate verstrichen, bis es zum Knall kam: Von heute auf morgen verschwand meine Frau samt Koch an einen unbekannten Ort. Er hatte sie herumgekriegt, sicher nicht nur mit seiner Spaghettisauce, doch in meiner Gekränktheit schob ich die Flucht der beiden auf das verführerische Essen. Erst später habe ich einsehen müssen, dass ein gutes Essen zwar Aventüren förderlich sein kann, doch niemals ausschlaggebend ist. Und so tröstete ich mich mit einem Aphorismus Nietzsches aus der »Kriegsschule des Lebens«: Was mich nicht umbringt, macht mich stärker.

Blieb die Sauce. Sie hatte sich in meinem Gaumen festgefressen. Und ein paar Jahre später, als ich meine ersten Schritte in der Küche unternahm, versuchte ich, die Sauce nachzukochen. Ohne Erfolg. Obwohl wir nicht mehr das beste Verhältnis hatten, rief ich meine frühere Frau an und drängte sie, mir das Rezept zu verraten. Ich hatte mich nicht getäuscht: Obwohl sie sich mit ihrem Koch inzwischen überworfen hatte, kannte sie das Saucenrezept, ja, servierte es inzwischen selbst, wann immer sich die Gelegenheit dazu bot.

Ich machte mir ein paar Notizen, doch es half nichts: Alle Versuche endeten in einem Fiasko. Irgendetwas schmeckte nicht so, wie ich es in Erinnerung hatte, nur was nicht stimmte, blieb unklar. Mein Gedächtnis hatte etwas anderes gespeichert, und das war nicht mit dem in Deckung zu bringen, was als Ergebnis auf dem Teller landete.

Um es kurz zu machen: Ich habe es wieder und wieder versucht, über Jahre hinweg, und erst nach langer Zeit fing ich an, die Sauce zu beherrschen und nicht mehr sie mich. Auch hier gilt: Man muss den Dreh raushaben, oder der Koch wächst mit seinen Aufgaben.

Fangen wir mit dem Werkzeug an. Ein kleiner Gusstopf, der die Wärme gut verteilt. Ein Glas Sardellen in Olivenöl. Kein Sonnenblumenöl und ohne Konservierungsmittel oder »Geschmacksverstärker«. Meistens wähle ich ein italienisches Fabrikat. Besonders die Neapolitaner kennen sich da aus. Doch stehen die Spanier den Italienern nicht nach. Auch sie stellen hervorragende Sardellenkonserven her.

Die Sardellenfilets aus ihrem Glas befreien; sie auf den Rand eines Suppentellers drapieren, damit das Öl abtropft. Eine Knoblauchzehe klein schneiden und ebenfalls ein paar Blätter Basilikum. Das Basilikum so spät wie möglich, da der wunderbare Geruch schnell verfliegt. Wenn es – wie im Winter – kein Basilikum gibt, kann es auch Minze sein. Die Größe der Knoblauchstücke wie auch der Kräuterblätter ist zwar eine Ermessensfrage, doch schlage ich vor, sie ziemlich klein zu schneiden.

Dann kommt der Knoblauch (nicht das Basilikum) in den Gusstopf und wird mit etwa 125 Gramm gesalzener

Butter bedeckt, in die man drei oder vier Chilikörner steckt. Auf kleinster Flamme die Butter schmelzen lassen. Langsam und ab und zu mit dem Löffel umrühren. Weder der Knoblauch noch die Butter dürfen auch nur in Gefahr kommen anzubrennen. Schon nach kurzer Zeit schäumt die Butter auf. Das ist der Moment, in dem ich die Flamme abstelle und die Sardellen mit dem Basilikum in den Topf gebe. Da der Topf noch heiß ist, lösen sich die Sardellen durch Umrühren in der Butter auf. Die Kräuter werden weich und verfeinern den Geschmack. Wenn man die Flamme nicht abstellt, besteht die Gefahr, dass etwas anbrennt.

Inzwischen ist das Wasser in einem gesonderten Topf heiß genug, um die Spaghetti zu kochen. Die mittlere Größe eignet sich am besten; so spielen Sauce und Pasta gut zusammen. Das ist eine Geschmacksfrage, genau wie die Wahl der Kräuter; und eine Frage der Verfügbarkeit. Falls weder Basilikum noch Minze zur Verfügung stehen, kann man sich auch mit Petersilie behelfen.

Das ist die Geschichte der Nebenbuhler-Sauce, und jeder, der davon kostet, versteht, warum sie die Herzen der Gäste im Sturm erobert. Wenn etwas davon übrig geblieben ist, serviere ich sie am nächsten Tag auch auf einem Blatt Chicorée oder Radicchio. Eine herrliche Vorspeise, die schnell zubereitet und sehr leicht ist.

Pilze

Im Herbst, wenn das Wetter danach ist, kurvt er mit seinem alten Lieferwagen in den Hof und strahlt, wenn er aus dem Auto steigt.

Sie ahnen nicht, was ich gefunden habe.

Der Mann ist schon älter, hat ein hageres Gesicht; ein grauer Spitzbart verstärkt den asketischen Zug. Er ist immer noch flott auf den Beinen und wohnt in einem bescheidenen Haus, ein paar Schritte von einem Staatswald entfernt, an dem er ein Schild angebracht hat: Hier lebt der »Homme des bois«. Er ist weder ein Waldläufer noch ein Waldschrat; auch kein Orang-Utan, das malaysische Wort für den Waldmenschen oder Menschenaffen, das man im Französischen mit »Homme des bois« übersetzt. Und doch ist er ein »Mann der Wälder«. Wenn es mit seiner Stimmung nicht zum Besten steht oder er nicht schlafen kann, schleicht er in den Wald. Er blickt in die Kronen der hohen Bäume, von denen manche Hunderte von Jahren alt sind und so viel mehr erlebt haben als er, und unterhält sich mit ihnen. Lauscht reglos, wenn Rehe oder Wildschweine vorbeiziehen. Dieses enge Verhältnis zur Natur ist sein ganzer Stolz.

Er redet schnell, wie Menschen, die viel allein sind und befürchten, dass man die Lust verliert, ihnen zuzuhören. Und leise, wie jemand, der kein Interesse daran hat, dass seine Gedanken publik werden. Einer seiner Lieblingssätze ist: Man jagt den Leuten Angst ein, damit man sie besser regieren kann. Er riecht nach Stroh und Mist wie ein Bauer, der aus dem Stall kommt; da er allein mit seinen Tieren lebt, kann ihm das wurscht sein. Wenn er dann den Inhalt seiner Körbe auf den Küchentisch kippt, gehen mir die Augen über. Direkt aus dem Wald. Nur er weiß, wo man solche Herrlichkeiten findet.

Natürlich sucht der alte Mann die vorzüglich schmeckenden Steinpilze. Und wenn es dazu noch zu früh ist, sammelte er Ackerschirmpilze, die wie Sonnenschirme aussehen, oder Trichterlinge, deren Köpfe sich wie Trompeten öffnen.

Wenn sie frisch aus dem Wald kommen und schonend behandelt werden, sind Pilze eine Delikatesse. Man braucht sie nicht zu waschen, darf sie schon gar nicht in heißes Wasser tauchen. Pilze sind empfindlich und schmecken umso besser, je mehr Respekt man ihnen entgegenbringt. Das Rezept ist einfach: Mit einem weichen Bürstchen Erde und Gräser entfernen. Dann in nicht zu kleine Stücke schneiden. Den Boden einer Pfanne gut mit Olivenöl bedecken. Eine Knoblauchzehe und eine Zwiebel klein schneiden und auf niedriger Flamme im Öl weich werden lassen. Man kann verschiedenste Kräuter dazugeben, aber meine Wahl fällt auf eine Mischung aus Salbei und kleingehackten Rosmarinblättern. Zum Schluss ein Stück Butter. Etwas Salz und Pfeffer.

Pilze sind zart, sie vertragen keine große Hitze. Wie lange sie in der Pfanne bleiben müssen, hängt davon ab, wie viel Wasser sie enthalten. Wenn es geregnet hat, ist es besser, sie vierundzwanzig Stunden in einem trockenen kühlen Raum liegen zu lassen. Wenn man es eilig hat, kann man das Wasser auch beim Köcheln verdampfen lassen. Denn Wasser hat im Essen nichts zu suchen. Es muss verschwinden, damit das Essen nicht wässrig schmeckt und die natürlichen Aromen richtig zur Geltung kommen. Aufpassen, dass die Pilze nicht zu weich werden.

Steinzeit

Irgendwann, vor Tausenden von Jahren, haben die Menschen angefangen zu kochen. Sie haben das, was auf den Bäumen und Feldern wuchs, nicht mehr roh gegessen, sondern übers Feuer gehängt, in die Glut gelegt, mit anderen Zutaten vermengt; eine Suppe gekocht, einen Braten zubereitet. Mit ziemlicher Sicherheit kann man davon ausgehen, dass diese Wende in der älteren Steinzeit stattgefunden hat.

Wie mag die Küche damals ausgesehen haben? Mit etwas Nachdenken lässt sich das leicht erschließen. Der Poet, der uns hierbei helfen kann, heißt Joseph Delteil. In jungen Jahren stand der Franzose den Surrealisten nahe; bis er erklärte, noch nie geträumt zu haben. Da den Surrealisten das Träumen wichtig war, schloss ihn André Breton, ihr mächtiger Wortführer, einfach aus der Bewegung aus.

Delteil verließ Paris und zog sich in die Provence zurück, wo er sich in einer ehemaligen Dachziegelfabrik niederließ. »Ich bin nur ganz ich selbst«, notierte er, »wenn ich mich steinzeitlich fühle.« Also kochte er alles, was aus dem Wald und vom Felde kam, natürlich auch aus den

Bächen und, nicht zu vergessen, den Weinbergen. Was der eigene Garten nicht hergab, fand er auf den Märkten. Und schrieb darüber.

Auf dem Titelfoto seines Kochbuchs sieht man ihn als alten Mann, der mit einem Messer ein Stück von einem Apfel abschneidet. Auch die Steinzeitmenschen verfügten bereits über keilartige Werkzeuge, mit denen sie Nüsse zerschlugen, und erfanden dann auch Messer aus Stein, mit denen man Rinden abziehen oder Fleisch schneiden konnte.

Damit das Essen wirklich steinzeitlich wird, schlägt Delteil vor, einen anständigen Hasen im vollen Lauf an den Löffeln zu packen und ihn mit den Hinterbeinen an einen Baumstamm zu binden. Der Baum sollte ein harziger Nadelbaum sein und in einem schönen Waldstück stehen. Was er dann empfiehlt, ist die poetische Übertreibung eines Mannes, dem Umweltschäden noch nicht vor Augen standen; außerdem ist sein Ratschlag in die Form einer Metapher gekleidet, also mit Nachsicht zu bewerten. Delteil schlägt nämlich kurzerhand vor, den Wald in Brand zu setzen. Damit er auf den noch heißen Steinen den ungesalzenen Hasen braten und anschließend verspeisen kann; umgeben von den göttlichen Gerüchen des abgebrannten Waldes. Eben altsteinzeitlich.

Henry Miller, der amerikanische Schriftsteller, der nach dem Zweiten Weltkrieg die literarische Welt mit seinen erotischen Romanen aufschreckte und viele Jahre in Frankreich lebte, war ein Freund von Delteil. Auf einer Postkarte an seinen Freund hat er ein gemeinsam eingenommenes Menü festgehalten. Allein die Vorspeise ist bemerkenswert: Radieschen, Butter, Tomaten. Gurken in Estragonessig, rote Rüben, grüne Bohnen, Schinken und Gänseleber. Dazu eine Sanquette, eine aus Hühnerblut gewonnene, mit Knoblauch und Zwiebeln versetzte Blutwurst. Als Hauptspeise wurde ein Safranhuhn mit Pilzen gereicht. Weiter ging es mit einem Salat, und als Dessert wurden Himbeeren mit einem Schlag *Crême fraîche* geboten; erst dann gab es Käse.

Selbst überzeugten Verteidigern der Moderne dürften die Argumente gegen ein solches paläolithisches Gelage ausgehen.

Der springende Punkt hierbei ist das Feuer. Das Feuer hilft, die Speisen bekömmlicher zu machen. Es ist nicht genau zu bestimmen, seit wann der Mensch sich des Feuers bedient. Ob er es bereits in der Altsteinzeit benutzt hat, ist fraglich; doch auf ein paar tausend Jahre kommt es hier nicht an. Ohne Feuer kann man keine Wurst und kein Huhn zubereiten. Ob man deswegen, wie Delteil vorschlägt, einen Waldbrand legen muss, steht auf einem anderen Blatt.

Rinder- oder Fischtartar

Ohne Feuer ernährt man sich mit Rohkost. Kirschen und Äpfel isst man »roh«, und roh schmecken sie am besten. Obwohl sie sich hervorragend als Vor- oder Nachtisch eignen, wird niemand in einer Schale mit Obst ein Ergebnis kochkünstlerischer Leistung vermuten. Dazu gehört die Transformation. Natürlich kann man darüber streiten, wann die anfängt und was dazu nötig ist. Das Öffnen von Austern erfordert ein gewisses handwerkliches Können, eine bestimmte Technik, doch im Prinzip gilt das gleiche wie beim Obst. Man isst die Austern so, wie sie aus dem Meer kommen, selbst wenn die eine oder der andere etwas Zitrone darüber träufelt.

Beim Durchblättern meines Küchenhefts, in dem ich ein paar Rezepte notiert habe, bin ich jedoch auf ein Rezept gestoßen, das sich ohne Feuer zubereiten lässt, aber kaum als Rohkost bezeichnet werden kann: Fleisch- oder Fischtartar, weil beide ohne kulinarische Technik und einen klaren Sinn für Proportionen undenkbar sind.

Wenn der Aktionskünstler HA Schult von Venedig erzählt, wo er 1976 den Markusplatz hellsichtig mit Zeitungen geflutet hat, um den Venezianern (und nicht nur ihnen) zu zeigen, wie die Abfälle dereinst die Welt verändern werden, vergisst er nicht, sein Lieblingsrestaurant »Cipriani« zu erwähnen. Dort, so wird erzählt, wurde nach dem Krieg das Carpaccio erfunden. Wie das Carpaccio besteht das Tartar hauptsächlich aus rohem Fleisch.

Die Ursprünge gehen weit zurück. Angefangen hat es damit, dass die wilden Tartaren, die Landschaften hinter dem Ural im östlichen Teil Russlands bewohnten, gesalzenes rohes Fleisch unter ihre Pferdesättel legten, um es zu trocknen und geschmeidiger zu machen. Später, so wird berichtet, haben russische Einwanderer das Tartar in Hamburg bekannt gemacht, von wo es mit Auswanderern nach New York gelangte. Der »Hamburger« ist also nichts anderes als ein Stück gebratenes Tartar.

In vielen Kochbüchern wird dem durch den Wolf gedrehten Fleisch meist ein Eigelb aufgesetzt. Und Roland Barthes, der aufmerksame Beobachter fast aller Moden, meinte, es handele sich hier um eine Form von Teufelsaustreibung. Das blutige Fleisch und das rohe Ei stünden sinnbildlich für das werdende Leben; sie seien der Versuch, sich gegen romantische Empfindlichkeit und Kränklichkeit zu wehren. Also etwas für Naturen, die Stärke suchen. Wie auch immer, für das Tartar, das ich vorschlage, braucht man kein Ei; das glibberige Ei stärkt vielleicht die eine oder den anderen, ist dem Geschmack jedoch eher abträglich.

Stattdessen bereite ich mit Olivenöl eine Senfsauce vor, wie für eine Vinaigrette, also je nach Geschmack mit italienischen oder spanischen Essigessenzen, verzichte jedoch auf Knoblauch. Der milde Weinessig aus Jerez de la Frontera eignet sich besonders gut. Hacke eine frische große Zwiebel in kleine Stücke und verrühre sie mit der Senfsauce. Pfeffere und salze. Dann werden 500 Gramm Rindertartar in die Senfsauce geknetet. Bitte, die Kräuter nicht vergessen, je nach Jahreszeit. Minze passt gut zu Fleisch, aber auch Petersilie oder Basilikum; warum nicht eine Mischung von allem. Um das Gericht »russischer« zu machen, kann man Cornichons klein schneiden und unter das Tartar mischen. Wichtig ist, alles gut durchzumischen und eine Viertelstunde ziehen zu lassen. Salz nach Belieben, eher zu wenig als zu viel; nachsalzen kann man immer. Mit getoastetem Brot – grau oder schwarz – oder einer gekochten, noch warmen Kartoffel und einem grünen Salat servieren.

Bei einem Fischcarpaccio ist die Qualität des Fischs das Entscheidende: Wolfsbarsch, Thunfisch, Goldbrasse oder Makrele; je frischer umso besser. Auf einen flachen Teller ein paar Spritzer Olivenöl mit einer japanischen Soyasauce verrühren. In Japan hergestellte Saucen sind unvergleichlich besser als ihre europäischen Ableger. Etwas Minze oder Basilikum kleingeschnitten dazugeben. Dann den Fisch in feine Scheiben schneiden; diese auf den Teller legen, die Sauce kurz einziehen lassen und dann wenden. Pfeffern und eine Prise Salz. Passt gut zu Toast.

Hummer und Langusten

Gestern sind wir in der Normandie angekommen, und heute Morgen bin ich auf einen Markt gegangen, wo Fische verkauft werden. Fische müssen frisch sein, sonst verlieren sie – wie fast alles andere – ihren Geschmack. Wir sind hier etwa 150 Kilometer von der Küste entfernt. Die Fischfrau kauft ihre Ware frühmorgens in einem kleinen Hafen. Auf einigen Preisschildern steht: *Petits bâteaux*. Das ist Fisch, der mit kleinen Boten gefangen wird. Abends, bei Einbruch der Dämmerung, stechen die Fischer mit ihren Kuttern in See und werfen nach Anbruch der Nacht die Netze aus. Wenn sie am nächsten Morgen in den Hafen zurückkehren, verkaufen sie einen Großteil ihrer Ladung an Fischhändler, die die Ware mit ihren rollenden Verkaufsständen ins Innere des Landes auf die Märkte bringen.

Die Verkäuferin kenne ich seit Jahren, deshalb kann ich ihr vertrauen. Und sie weiß, dass ich den Fisch gerne roh esse; nicht jeder Fisch eignet sich dazu, und da ich heute etwas spät dran bin und sie ihre Wolfsbarsche und Makrelen schon verkauft hat, preist sie ihren bretonischen Hummer an, ein wunderbar glänzendes Exemplar mit einem bläulich schimmernden Panzer. Hummer sind teuer, eigentlich unbezahlbar, doch der hier sieht verführerisch schön aus. Gleichzeitig tut er mir leid; seine Zangen werden mit Gummibändern zusammengehalten. Der Hummer lebt noch und leidet unter diesem Freiheitsentzug.

Schauen Sie, was für ein wunderbares Tier, das ist etwas für Sie, preist die Fischfrau ihre Ware an.

Sie haben recht, aber meine Frau findet es furchtbar, wenn ich den Hummer ins heiße Wasser werfe.

Ihre Frau wird ihn mit Begeisterung essen, glauben Sie mir.

Das Töten eines Tieres ist ein Dilemma, auch für mich. Es ist ein Konflikt, und wenn ich könnte, würde ich ihm gerne aus dem Wege gehen. Nur ist die Idee eines gewaltfreien Lebens ein frommer, unerfüllbarer Wunsch. Was heißt Leben? Selbst wenn man von einer einschränkenden Definition des Lebens ausgeht, also einem geregelten Austausch von Energie, Stoffen und Informationen, besteht die Hälfte des organischen Lebens auf unserer Erde aus Insekten. Leben gibt es überall. Wo wir hinschauen, stößt Leben auf anderes Leben. Dabei geht es ums Zusammenleben, ja, in der Regel ums Überleben. Wen erfüllt es nicht mit Genugtuung, wenn er endlich eine Motte zur Strecke gebracht hat, die jeden Pullover anfrisst? Wer freut sich nicht über eine erlegte Mücke, die im Schlafzimmer herumschwirrt und die Nacht zur Hölle macht?

Man könnte weitergehen und fragen, ob es überhaupt eine unbelebte Natur gibt. Alles Seiende sucht sich Platz zu schaffen, die Voraussetzungen für seine Existenz zu sichern. Das geht nie ohne Gewalt ab. Nicht nur Lebewesen, auch Moleküle und Atome bewegen sich in Zeit und Raum. Das Universum wächst und gedeiht und verfällt; die ganze Natur befindet sich in einem ununterbrochenen Prozess des Werdens und Sterbens. Sie wächst und vergeht wie der Salat im Beet. Man sieht ja, wie die Blätter schon nach einem halben Tag welken, nachdem er gestochen wurde, und bald zu fauligem Nährboden werden, in dem sich die Würmer tummeln, die an ihrem eigenen Leben schaffen. Der Ausdruck »stechen« trifft die Sache. Es ist, als würde man den Salat niederstechen. Man schneidet ihm die Wurzeln ab, aus denen er seine Lebenskräfte zieht. Lange überlebt er die Entwurzelung nicht. Deshalb muss er schnell gegessen werden.

Machen wir uns nichts vor: Das Töten ist Teil unserer Ernährung; dabei handeln wir nicht anders als der Fuchs, der den Hasen jagt. Nicht anders als der Bussard, der sich die Maus greift und verspeist. Alle wollen überleben. Jemand, der aus der Dose lebt, nur abgepacktes Zeug vertilgt, macht sich das nicht klar. Möchte sich das nicht eingestehen, statt daraus den Schluss zu ziehen, die zerstörerische Energie auf ein Minimum zu beschränken. Denn das massenhafte Töten erledigen andere. Die Schlachthöfe sind das abscheulichste Beispiel. Ein Bauer, der nach ein paar Jahren seine Kuh schlachtet, tut das nicht des Profits willen. Er will einfach überleben.

Nachdem ich den Hummer zu Hause ausgepackt habe, muss es schnell gehen. Ein größerer Topf mit heißem Wasser aus der Leitung, damit keine überflüssige Zeit verstreicht, bis das Wasser so heiß ist, dass der Hummer darin garen kann. Vielleicht etwas Meersalz dazugeben, sonst nichts. Sobald Blasen im Wasser aufsteigen, die Flamme herunterdrehen. Immer unter dem Siedepunkt bleiben; nichts verkochen. Das gilt für Kartoffeln so gut wie für den Hummer.

Jetzt kommt das Schwierigste. Der Hummer muss in den Topf. Ich mache das am liebsten ohne Zuschauer. Ziehe mir ein Paar lederne Arbeitshandschuhe an, schneide mit einer Schere die Gummibänder durch, mit denen der Hummer gefesselt ist. Es kann sein, dass der Hummer jetzt seine Zangen bewegt wie ein Gefangener, der seine Glieder streckt, nachdem man ihm die Fesseln abgenommen hat. Da man es mit einem Gegner zu tun hat, darf man nicht ängstlich zurückweichen; deshalb sind die Handschuhe hilfreich. Den Hummer am Körper anfassen und ihn schnell ins Wasser tauchen. Wenn der Topf nicht groß genug ist, um ihn einfach in den Topf gleiten zu lassen, kann man mit einem Löffel nachhelfen, um die Scheren unter die Wasseroberfläche zu tauchen.

Nach knapp zwanzig Minuten den Hummer aus dem Wasser nehmen, ihn auf ein Brett legen und einen kurzen Moment trocknen lassen. Jetzt benötigt man ein Instrument, mit dem man den inzwischen rosaroten Panzer knackt. Als ich mich das erste Mal an einem Hummer versuchte, stand ich hilflos vor dem herrlich leuchtenden Tier. In meiner Not rief ich eine französische Freundin an und fragte, was zu tun sei.

Am besten, du nimmst einen Hammer. Mit normalem Küchengerät ist es eine Viecherei. Vorsichtig, der Saft spritzt in alle Richtungen.

Das war der richtige Ratschlag. Seither schlage ich den Panzer mit dem Hammer vorsichtig in Stücke, wenn nötig auch die Scheren. Dann kann man mit einer Gabel oder einem gabelartigen Gerät das zarte Hummerfleisch herausziehen und servieren.

In Restaurants wird der Hummer oft mit Mayonnaise serviert. Das ist kein Verbrechen, weil eine gute Mayonnaise auch einem weniger guten Hummer auf die Beine hilft. Doch wenn man einen blauen bretonischen Hummer erwischt, sollte man auf solche Ablenkungen verzichten. Das Hummerfleisch ist würzig zart und schmeckt wunderbar. Paradox dabei ist, dass man auf diese Weise das schnellste und einfachste Essen zubereitet, das man sich vorstellen kann. Es ist allerdings auch das luxuriöseste und setzt voraus, dass man einen blauen bretonischen Hummer auftreibt und den Mut aufbringt, ihn lebend ins heiße Wasser zu schmeißen. Kein Wunder, dass ein Hummer die große Ausnahme auf dem Speisezettel bleibt. Ein Festessen, das uns auf ein Kernproblem der menschlichen Existenz verweist: Überleben auf Kosten anderer.

Sauerkraut

In meinem Elternhaus gab es einen Keller, der besonders im Winter nützlich war. Auf den Regalen lagen Äpfel, standen Gläser mit eingemachten Kirschen oder Pfirsichen. In einer mit Sand gefüllten Kiste lagen Kartoffeln, in einer anderen befanden sich Möhren. Und dann gab es einen runden steinernen Bottich, der mit einem Holzbrett abgedeckt war. Darin befand sich das Sauerkraut, zu dem der im Herbst geerntete Weißkohl verarbeitet worden war. Sauerkraut zählte seinerzeit zu den wichtigen Bestandteilen des winterlichen Essens.

Das war in den ersten Jahren nach dem Zweiten Weltkrieg, als jeder froh war, wenn er etwas zu essen bekam. Mit zunehmendem Wohlstand kam das Sauerkraut aus der Mode; wahrscheinlich, weil es zu viel Arbeit bereitete und die Italiener mit ihren Spaghetti und raffinierten Saucen triumphierten.

Ich habe Sauerkraut in Paris wiederentdeckt. Ja, in Paris, wo jede Brasserie stolz darauf ist, eine *Choucroute alsacienne* anzubieten. Eine Brasserie ist ursprünglich eine Brauerei, und erst seit dem 19. Jahrhundert bezeichnet der Begriff auch ein großes Café-Restaurant, das gezapftes Bier anbietet. Bier und Sauerkraut kommen aus dem Osten Frankreichs, also aus dem Elsass, wo es guten Wein, aber auch würziges Bier gibt, das entschieden preiswerter und populärer als Wein ist. Das Sauerkraut wird mit Würsten und Bauchspeck serviert, mit Eisbein und was es sonst noch an Gesottenem geben mag. Es ist das »deutscheste« Essen in Frankreich.

Leider schmeckt das Sauerkraut in den Restaurants meist wässrig und fade, genauso wie das durch langes Kochen ausgelaugte Fleisch. Dabei kann es eine Delikatesse sein.

Wichtig ist, rohes Sauerkraut aufzutreiben. Alles, was in Dosen oder Gläsern verkauft wird, ist von vorneherein verdächtig. Durch die industrielle Zubereitung ist der Vitamingehalt gering, und die Konservierungsstoffe tun ein Übriges, den ursprünglichen Geschmack zu verändern. Aber auf den Märkten findet man während des Winters das, was man braucht: rohes gepökeltes, mit Lorbeer und Wacholder gewürztes Sauerkraut.

In rohem Zustand ist das Sauerkraut zwar essbar, aber es erinnert an die Krautsalate, wie man sie aus der Küche des Balkans kennt; der Salzgeschmack dominiert, und die beißende Säure schmeckt grauslich. Was also tun, damit aus dem rohen Kraut eine Delikatesse wird?

Man nehme eine gusseiserne Pfanne und dünste langsam in Olivenöl zwei oder drei kleingeschnittene Zwiebeln. Es ist wichtig, dass die Zwiebeln nicht kross werden, sondern das Öl aufsaugen und weich werden. Wenn man Butter statt Olivenöl nimmt, besteht die Gefahr, dass die Zwiebeln anbrennen. Allerdings schadet es nichts, kurz bevor die Zwiebeln weich sind, einen Stich Butter in die Pfanne zu geben.

Anschließend wird ein Kilogramm Sauerkraut (oder auch weniger) in der Pfanne ausgebreitet und mit den Zwiebeln vermischt. Die Wacholderbeeren schmecken nicht sonderlich, also nach Möglichkeit herauspicken. Kleingehackte Petersilie und einen Rosmarinzweig dazugegeben. Außerdem ein oder zwei kleingeschnittene Äpfel, am besten solche, die nicht zu sauer sind. Jetzt kommt das Entscheidende: der Weißwein.

Weißweine gibt es wie Sand am Meer. Ein großes Gewächs wäre Verschwendung, aber ein billiger Fusel ruiniert mit Sicherheit jedes Gericht. Am besten ist ein lieblicher, also ein nicht durch seine Säure charakterisierter Wein. Unter den französischen Weinen gibt es viele, die sich eignen; wie der Loupiac aus dem Südwesten, der preiswert ist und doch als sauberer Wein gelten kann. Wem es nicht darauf ankommt, kann natürlich auch Champagner oder etwas Vergleichbares nehmen.

Welche Menge also? Das hängt von der Härte des Krauts ab. Ich fange mit einer halben bis dreiviertel Flasche an und warte ab, wie sich die Sache entwickelt. Wie immer muss das Wasser verdampfen (über 80 Prozent des Weins besteht aus Wasser) und das Kraut selbst weich werden. Das dauert einige Zeit; unter einer Dreiviertelstunde ist wenig zu erhoffen. Wenn das Wasser verdampft ist, abschmecken und das Kraut pfeffern und mit etwas Crème fraîche verrühren. Die Crème mildert die Säure und macht das Kraut sämiger, ohne dass es zu einer laffen Angelegenheit wird.

Im Prinzip kann man alles dazu essen. Ich finde, eine Kartoffel, »al dente« gekocht, mit etwas Butter passt am besten. Wenn man eine gute Wurst findet, separat gebraten oder gesiedet, warum nicht? Von Fisch ist abzuraten, weil er zu zart ist und gegen das kräftig gewürzte Sauerkraut nicht ankommt. Wem läuft da nicht das Wasser im Mund zusammen?

Tomatensuppe

Die schmale Straße schlängelte sich am Hang entlang, stieg immer höher und es wurde immer luftiger. Als der Freund den Wagen anhielt, blickten wir weit über die Landschaft. Vor uns ein Bauernhof, ein steiniges, aus dem Berg wachsendes Haus mit ein paar Ställen links und rechts. Hier lebte seine Mutter, von der er schon oft erzählt hatte.

Eine ältere Frau, die grauen Haare mit einer Spange zusammengebunden. Gesicht und Hände vom Wetter gegerbt. Sie lachte scheu und drückte sich dabei mit dem Rücken an die Wand, so als ob sie zu Besuch sei und nicht wir. Mit einer einladenden Geste führte sie uns dann ins Wohnzimmer.

Der Freund hatte oft von ihren Kochkünsten geschwärmt, und wir waren angereist, um bei ihr zu essen. Sie bat uns, Platz zu nehmen, und als wir an dem langen Eichentisch saßen, machte die Mutter plötzlich ein bekümmertes Gesicht. Sie sei nicht richtig in Form, beklagte sie, und weil der moderne Ausdruck nicht zu ihr passte, zuckte sie mit der Schulter und lachte etwas verlegen. Sie könne leider nicht für uns kochen, jedenfalls heute nicht. Deshalb habe sie in einem Restaurant einen Tisch bestellt. Mit dem Auto sei es eine Viertelstunde, der Koch sei gerade ausgezeichnet worden, das habe sie in der Zeitung gelesen. Da werde es sicher gut schmecken. Wenn wir es wünschten, werde sie uns begleiten.

Also fuhren wir zu dritt in das Restaurant. Es handelte sich um eine Mühle aus Fachwerk mit einem Sockel aus Steinquadern, umgeben von hohen schattenspendenden Bäumen, gleich neben dem immer noch rauschenden Mühlbach. Als die Mutter ihren Namen nannte, wurden wir höflich an einen Tisch geführt. Ich versuchte, meine Enttäuschung zu überspielen, und studierte die Karte. Die Gerichte trugen merkwürdige Namen; Gespinste von Kräutern und Saucen; Fotos mit kulinarischen Kaprizen, garniert mit Schaum und grünen oder gelben Blättern. Der Freund erkundigte sich bei seiner Mutter, was sie essen wolle. Nichts, sagte sie mit einer Entschiedenheit, die keinen Widerspruch duldete. Wir sahen uns verblüfft an.

Du weißt doch, dass ich nur bei mir zu Hause esse, sagte sie mit einem leichten Vorwurf. Worauf sich der Sohn bei ihr entschuldigte und mir einen Blick zuwarf, mit dem er um Verständnis warb. Als der Kellner die Bestellung aufnahm, schüttelte die Mutter den Kopf.

Meine Mutter isst heute nichts, erklärte der Sohn dem Kellner und bestellte eine prächtige Flasche Wein, die den Umsatzausfall spielend wettmachte. Während des Essens, das nicht besonders gut schmeckte, aber auch nicht ungenießbar war, trank die Mutter ein Glas Wasser, nippte einmal am Wein und sprach kaum ein Wort. Nur zum

Schluss sagte sie: Bei mir kriegt ihr gleich einen guten Kaffee.

Auf dem Rückweg lockerte sich die Stimmung. Die Mutter fand lobende Worte über die Inneneinrichtung des Restaurants und den Blumenschmuck auf den Tischen, obwohl das eher so klang, als wolle sie den Ausflug rechtfertigen oder sich dafür verteidigen, dass sie nicht für uns gekocht hatte.

Als wir wieder an dem langen Eichentisch in ihrem Wohnzimmer saßen, sagte sie lachend: Jetzt habe ich richtig Hunger, und ihr nehmt es mir bestimmt nicht übel, wenn ich einen Schluck Suppe zu mir nehme. Sie verschwand in der Küche, und wir schauten uns an.

Vielleicht gibt sie uns einen Löffel ab, wagte ich mich vor.

Der Freund stand auf und folgte seiner Mutter in die Küche. Ich hörte sie reden, ohne zu verstehen, was gesprochen wurde. Nach ein paar Minuten kam der Freund mit einem Tablett und drei Tellern herein. Die Mutter folgte mit einem gusseisernen Topf, den sie auf den Holztisch stellte.

Wissen Sie, ich bin meine Suppe gewohnt, deshalb wollte ich eben nichts essen.

Sie teilte die Suppe aus.

Vielleicht schmeckt sie Ihnen ja.

Bitte, nur einen Löffel zum Probieren.

Es war eine Tomatensuppe, wie ich sie noch nie in meinem Leben gegessen hatte. Und was war das Geheimnis? Natürlich kamen die Tomaten aus ihrem Garten. Sie hatte Zwiebeln, etwas Knoblauch und Thymian in Olivenöl angedünstet und dann die ungeschälten Tomaten in den Topf gefüllt. Dann hatte sie eine halbe Flasche Weißwein (oder auch mehr) dazugegeben und das Ganze bei geschlossenem Deckel garen lassen.

Um die Suppe so sämig werden zu lassen, wie sie sich das wünsche, lasse sie den Deckel einen Spalt offen, damit das Wasser verdampft. Zum Schluss seihe sie alles in einem nicht zu feinen Sieb durch. Salze und pfeffere.

Es freut mich, dass es euch schmeckt, lächelte sie zufrieden. Der Wein und die guten Tomaten machten den Unterschied.

Zander und Spinat

Wenn Arthur zu Besuch ist, schleicht er in die Küche und schaut zu. Eigentlich mag ich nicht, wenn mich jemand beim Kochen ablenkt, aber Arthur ist eine Ausnahme, weil er etwas lernen möchte und sehr diskret ist. Natürlich will er wissen, was es heute zu essen gibt, doch manchmal fragt er Dinge, die darüber weit hinausgehen. Da muss ich nachdenken.

Warum essen wir Fisch?

Weil Fisch gut schmeckt. Und nahrhaft ist.

In der Schule hat die Lehrerin gesagt, dass man keine Fische mehr essen soll, weil die Fische gequält werden.

Die industrielle Fischerei ist brutal, da hat die Lehrerin recht, auch wenn, genau genommen, die meisten Nahrungsmittel misshandelt werden, die von der Industrie geliefert werden. Wenn du eine Nuss vom Boden aufliest, dann ist das natürlich keine Misshandlung.

Und wenn man sie knackt?

Zerstört man das Gehäuse und die Frage, ob es sich dabei um eine Misshandlung handelt, stellt sich erneut. Weil das Gehäuse hart wie Stein ist, denkt man, dass die Schale ohne Leben ist. Ein Irrtum. Zwar ist dieses Leben ein anderes als das, was die Menschen im Allgemeinen unter Leben verstehen, aber alles, was existiert, lebt auch. Auf seine Weise.

Wenn ich die Nuss knacke, ist das Gehäuse hin, sagt Arthur und verrät mit einer Handbewegung, dass es ihm Spaß macht, Nüsse zu knacken.

Niemand würde mehr von einem Gehäuse sprechen. Nur von den Resten; übrig bleiben die Ruinen eines Gehäuses. Kein Wunder, dass sich die Nüsse energisch gegen eine solche Zerstörung wehren.

Manchmal sind sie so schwer zu knacken, dass ich einen Hammer zu Hilfe nehmen muss, ergänzt Arthur. Aber was hat die Nuss mit dem Fisch zu tun?

Beide sind Teil der Natur, und in der Natur hängt alles mit allem zusammen. Die kleinsten Teile der Nussschalen bestehen aus Molekülen, und wenn wir über die entsprechenden Instrumente verfügten, könnten wir sehen, wie lebendig sie sind. Es hängt von uns ab, was wir als tot erklären. Wo die Grenze liegt und welchen Einsatz von Gewalt wir akzeptieren.

So wenig wie möglich.

Natürlich. Aber ganz ohne Gewalt geht es nicht.

Und deshalb essen wir heute Fisch?

Der Fisch kommt nicht von einem großen Trawler mit einem riesigen Grundschleppnetz, das die Fischfauna zerstört, sondern von kleinen Booten; vielleicht sogar von einem Angler. Die fischen wie früher, richten weniger Unheil an.

Weniger, und trotzdem töten sie.

Die Pfanne als Basis. Zuerst die Zwiebeln und der Knoblauch, zum Schluss die zarteren Gemüse. Scharfe Messer braucht man, in verschiedenen Größen, ein dickes Brett, das nicht verrutscht. Gemüse und Kräuter erst schneiden, kurz bevor sie in die Pfanne kommen, sonst verlieren sie an Geschmack.

Leicht trübes Olivenöl, das Pietro in Sizilien presst. Riecht wunderbar, ist gesund und unentbehrlich.

Zwei Sorten von Pfannen: Stahl oder Guss. Beides möglich; Stahl hat den Vorteil, dass man ihn leichter reinigen kann.

So sieht es aus, wenn das Gemüse fertig gegart ist oder beinahe. Jeder kann für sich entscheiden, wie es ihm besser schmeckt, härter oder weicher. Ein Vorteil: Gemüsepfannen lassen sich aufwärmen und und gewinnen manchmal sogar an Intensität. Ein paar Tropfen Sojasauce auf dem Teller geben dem Gericht einen asiatischen Touch.

Es muss nicht unbedingt Neapel sein. Auch nördlich der Alpen schmecken dünne Spaghetti mit Vongole vorzüglich.

Messer sind wichtig, in jeder Größe. Sie müssen scharf geschliffen sein und die Griffe gut in der Hand liegen. Spatel aus Stahl helfen beim Umwenden.

Das ist die Eisenpfanne mit dem höheren Rand für Bratkartoffeln, die ungeschält und roh in Pfanne kommen. Nimmt man Butter, werden sie knuspriger.

Zum Öffnen der Austern braucht man das richtige Werkzeug: ein gröberes, nicht zu großes Tuch, mit dem man sie festhält, und ein solides spitzes Messer, mit dem man die beiden Schalenhälften auseinanderdrückt.

Die langsam schmelzende Butter zeigt: Die Pfanne ist nicht brüllend heiß. Die Lammkoteletts verbrennen nicht. Wichtige Voraussetzung: das Fleisch zwei Stunden vorher aus dem Kühlschrank nehmen.

Das Notwendige, um Spaghetti zuzubereiten. Es fehlen die Vongole, die Anchovis oder andere Zutaten für eine Sauce. Es sei denn, man begnügt sich mit Knoblauch, Butter und Petersilie.

Der ideale Topf für die Nebenbuhler-Sauce. Der kleingeschnittene Knoblauch liegt unter der langsam schmelzenden Butter.

Die Lorbeerblätter in den Linsen haben ihren Dienst getan, sie sind nur noch Verzierung. Den Balsamico-Essig nicht vergessen.

Nicht nur im Frühling lenkt die Natur vom Essen ab. Trotzdem lässt sich unter einem Apfelbaum gut speisen. Stoffservietten halten Generationen lang und fühlen sich gut an. Die zugekorkten Flaschen verraten, dass der Wein schon angebrochen ist. Wenn er gut ist, kann er problemlos ein bis zwei Tage aufbewahrt werden.

Linsen mit Bratwurst. Dazu ein Chicorée-Gemüse. Passt schön zu Wind, Sonne und Vogelgezwitscher.

Bananen und Äpfel garen in einer Sauce aus Butter und Honig. Der Pfeffer bringt die Mischung in Fahrt. Und zum Schluss nicht mit einem guten »Schnaps« geizen.

So sieht das Dessert auf dem Teller aus. Bei den grünen Blättchen handelt es sich um Minze, die dem Ganzen einen zusätzlichen Pfiff gibt. Ein Glas Sauternes schmeckt wunderbar dazu.

Es geht nicht anders. Wenn du siehst, wie ein Fisch an einer Angelschnur zappelt, wird einem klar, wie sehr er sich dagegen wehrt, aus dem Wasser gezogen zu werden. Alle wehren sich, so gut sie können, auch die Nussschale. Man kann die Gewalt nur reduzieren oder gar keinen Fisch mehr essen. Wie deine Lehrerin es vorschlägt.

Das scheint dir aber nicht zu gefallen.

Nein, weil der Fisch so gut schmeckt. Und weil es nicht konsequent ist. Konsequent wäre, gar nichts mehr zu essen.

Und zu verhungern?

Gewissermaßen. Außerdem schmeckt der Fisch dir doch auch.

Stimmt, sagt Arthur, und welchen Fisch essen wir heute?

Einen Zander aus dem Müritzsee. Der Zander ist ein Süßwasserfisch, gehört zur Familie der Barsche. Zuerst muss er fein säuberlich gereinigt werden, dann entferne ich die nicht essbaren Bestandteile; das ist wichtig, weil die Innereien und das Blut den Geschmack beeinflussen. Kopf und Schwanz bleiben jedoch dran, auch die Haut. In einer viereckigen Bratschüssel aus Steingut oder Stahl belege ich den Boden mit Zwiebelringen und ein paar Zitronenscheiben, damit die Haut nicht anbrennt. Erst dann bette ich den Fisch hinein; übergieße ihn mit Olivenöl. Zwei oder drei Lorbeerblätter vervollständigen die Garnitur. Pfeffern und salzen, mit gehackter Petersilie überstreuen oder einen Rosmarinzweig in den Fischbauch legen. Zwei Stücke gesalzene Butter auf dem Fisch verhindern, dass er während des Bratens zu trocken wird. Bei etwa 130 Grad dünsten, bis man eine Gabel ohne Widerstand in das Fleisch stechen kann. Wenn der Fisch Zimmertemperatur hat, also nicht aus dem Eisschrank kommt, reichen je nach Größe oder Dicke des Fischs in der Regel zwanzig bis dreißig Minuten. Vorausgesetzt, die Bratschüssel wird in den kalten Ofen geschoben. Weil weniger Energie verbraucht wird, dauert es etwas länger.

Und was gibt es dazu, fragt Arthur.

Spinat und Kartoffeln.

Arthur schnipst mit den Fingern und macht ein zufriedenes Gesicht.

Und wie machst du den Spinat?

Er wird gründlich gewaschen, ungefähr ein Kilo für vier bis fünf Personen. Das Wasser in einem Sieb abtropfen lassen. Ein großes Sieb erleichtert die Arbeit. Wenn man nicht über die richtige Gerätschaft verfügt, verteilen sich die Spinatblätter in der Küche. Sie brauchen nicht zu trocknen, sondern sollen feucht bleiben; so ist kein weiteres Wasser nötig, um den Spinat weich zu dünsten. Vorher schneide ich eine Zwiebel mittlerer Größe und zwei Knoblauchzehen in kleine Stücke und gebe sie in den Topf; übergieße das Ganze mit Olivenöl und siede es etwa fünf Minuten auf schwachem Feuer. Zwiebeln und Knoblauch dürfen nicht kross, sondern sollen weich werden und sich mit Öl vollsaugen. Dann kommt der Spinat in den Topf. Obendrauf ein Stich Butter, frisch gemahlener Pfeffer und etwas Meersalz. Ausnahmsweise den Topf mit einem Deckel verschließen, damit der Spinat nicht anbrennt.

Jetzt stehen wir vor einer technischen Schwierigkeit: Wegen der niedrigen Hitze wird zuerst der Spinat, der sich am Boden befindet, weich. Er muss daher mit dem rohen

Spinat in der oberen Topfhälfte getauscht werden. Doch mit Hilfe von zwei langstieligen Löffeln lässt sich das bewerkstelligen. Nach etwa zehn Minuten – das hängt von der Spinatsorte und dem eigenen Geschmack ab – kann man das Feuer abstellen und den Spinat, während man die Kartoffeln in heißem Wasser »kocht«, noch etwas ziehen lassen. Bitte festkochende Kartoffeln wählen, sie sollen – wie die Spaghetti – »al dente« bleiben. Ein Stück Parmesankäse bereithalten und am Tisch für den, der möchte, über den Spinat reiben. Fisch und Kartoffeln mögen es, mit flüssiger Butter übergossen zu werden.

Zwiebeln

Neulich bemerkte Arthur: Mir ist aufgefallen, dass du fast immer mit Zwiebeln kochst.

Stimmt. Lange Zeit habe ich das instinktiv gemacht; einfach weil es mir gut schmeckt. Mein Körper verlangt nach Zwiebeln. Dabei hat die Zwiebel einen zweifelhaften Ruf. Wenn man die Schale entfernt und sie nicht gleich verarbeitet, fängt sie an zu oxydieren. Sie riecht unangenehm, und wenn man sich nicht beeilt, kriegt das Essen einen unerwünschten Beigeschmack. Doch das kann man vermeiden, indem man sie gleich nach dem Schälen verarbeitet. Und was wäre eine Küche ohne Zwiebeln?

Ein amerikanischer Autor, der ebenfalls von der Zwiebel schwärmt, hat mich darin bestärkt: Michael Pollan erzählt in *Kochen, eine Naturgeschichte der Transformation*, dass er den Reichtum der Zwiebel bei einer Iranerin kennengelernt hat, die längst Amerikanerin geworden war und ihre Kenntnisse von ihrer Mutter geerbt hatte. In diesem Buch kann man nachlesen, warum die Zwiebeln – auch unter ernährungswissenschaftlichen Aspekten – ein so wichtiges wie preiswertes Nahrungsmittel sind.

Zwiebeln, und hierzu zählt auch der Knoblauch, sind die Nagelprobe für jeden Koch. Hier braucht es Fingerspitzengefühl und Geduld, um ein Essen so zuzubereiten, dass es Freude macht. Wenn man Zwiebeln – oder auch Knoblauch – in Butter röstet, brennen sie schnell an, verlieren wichtige Nährstoffe und schmecken nur noch kross.

Seit Jahrtausenden wird die Zwiebel als Heil- und Gewürzpflanze kultiviert. Im Pyramidengrab des ägyptischen Königs Tutanchamun wurden Zwiebelreste gefunden, die man ihm als Wegzehrung für die Reise ins Jenseits mit auf den Weg gegeben hatte. Auch im alten Rom zählten die Zwiebeln zu den wichtigen Nahrungsmitteln und die römischen Legionäre brachten sie nach Mitteleuropa.

Kurioserweise fand ein arabischer Reiseschriftsteller namens Ibn Hawqal Mitte des 10. Jahrhunderts, dass die »Verkommenheit« der sizilianischen Gesellschaft mit dem unangemessen hohen Verzehr von Zwiebeln zu erklären sei. Selbst wenn die Sizilianer damals den Zwiebeln reichlich zugesprochen haben sollten, muss die von Hawqal beklagte Dekadenz einen anderen Grund gehabt haben. In Olivenöl gesottene Zwiebeln, rohe Zwiebeln in Salaten, im Fleischtartar, sautierte Zwiebeln in Gemüsepfannen und in Bratensaucen sind köstlich und unersetzlich. Sie verleihen den Gerichten eine spezielle Würze und helfen uns, gesund zu bleiben.

Jetzt haben wir den Salat

Meistens gehen Erinnerungen auf Bilder oder Töne zurück. Andere Formen wie Geruch oder Geschmack sind jedoch ebenso eine Quelle des Erinnerns: Äußerungen wie »Ich kann den Kerl nicht riechen« oder »Ich finde keinen Geschmack an der Sache« spielen darauf an.

Der Wunsch, einen bestimmten Geschmack noch einmal auf der Zunge zu spüren, kann so groß werden, dass er uns keine Ruhe lässt. Damals in der Mensa der Pariser Universität schmeckte das Essen so völlig anders als alles, was ich bis dahin gegessen hatte. Zu dieser Zeit gab es noch keine industrielle Essensfertigung. Keine Mikrowellenherde, in denen schlicht erhitzt wird, was industriell zusammengemischt worden ist. Und der Großmarkt in Rungis, weit außerhalb der Stadt, war noch nicht in Betrieb. Alles, was die Pariser aßen, wurde frisch bis ins Zentrum der Stadt gekarrt und in den berühmten Hallen verkauft. Jede Nacht verstopften Lkws die engen Straßen, schrien die Lieferanten: Platz machen, beeilt euch. Jeden Morgen die Ungeduld der Marktleute, bis die Ware auf den Ständen so drapiert war, dass die Käufer Lust kriegten zuzugreifen. Ein Kaffee am frühen Morgen und die Zwiebelsuppe nach getaner Arbeit waren der verdiente Lohn.

In den von dem Architekten Victor Baltard entworfenen stählernen Hallen wurde alles verkauft, was die französische Landwirtschaft hervorbrachte. Wer sich früh aufmachte, kriegte das Beste, und immer blieb so viel übrig, dass die Clochards nicht verhungerten.

Der Fisch kam aus der Normandie, weil da das Meer am nächsten war. Zuerst mit Pferdegespannen, dann mit dem Zug und schließlich mit dem Lkw. Die Zwiebelvinaigrette, die heute noch zu Austern serviert wird, stammt aus Zeiten, in denen es noch keine Kühltransporte gab. Der Essig sollte die Mikroben unschädlich machen. Man kann also ohne Verlust darauf verzichten.

Auch die Köche in der Pariser Universität bezogen ihren Bedarf aus den Hallen. Ein Tagesgericht kann einfach sein und trotzdem gut schmecken, wenn die Bestandteile frisch sind und mit Respekt verarbeitet werden. Ein Steak mit Fritten und Salat gilt als ein einfaches Gericht, obwohl auch das es in sich hat. Für die Pommes frites braucht man die richtigen, leicht mehligen Kartoffeln, ganz abgesehen vom richtigen Öl, das zum Frittieren verwandt wird. Das Hauptproblem: Wo kriegt man gutes Fleisch her?

Machen wir uns nichts vor: Steak frites ist ein besonders abschreckendes Beispiel für die Entwicklung des Kochens. Obwohl noch weit verbreitet, schmeckt es immer schlecht. Was also war das Geheimnis der Pariser Mensa?

Ein Teil davon ist schon gelüftet: die frischen und guten Zutaten. Aber lassen wir die Pommes frites und das Fleisch beiseite, schauen wir uns einmal die Salatsauce an. Warum schmeckte sie so ganz anders als bei uns zu Hause?

Als Erstes wurde für die Sauce Olivenöl statt Sonnenblumen- oder Nussöl verwandt. Dann ein milder Senf, der aus Dijon stammte und gut mit dem Knoblauch harmonierte, der damals in Deutschland verpönt war. Wer Knoblauch aß, wurde gemieden, er galt als »Aussätziger«, schlimmer noch: als »Zigeuner«.

Um Öl, Senf und Knoblauch zu einer würzigen und wohlschmeckenden Sauce zu verbinden, verwendeten die Pariser Köche einen Essig aus Weintrauben. Nicht den üblichen Industrieessig, der nur sauer und scharf schmeckt und nicht balsamisch gut riecht.

Diese Unterschiede erklären, warum der Salat in der Mensa so anders geschmeckt hat. Und die aufgezählten Bestandteile sind die Grundlage für alle möglichen anderen Salatsaucen, je nach Jahreszeit, gleichgültig, ob sie mit Rohem oder Gekochtem angereichert werden. Zum Beispiel mit in Olivenöl eingelegtem Thunfisch; mit einem vorgekochten Brokkoli, mit Äpfeln, Oliven oder Nüssen. Wie wäre es mit einem nicht zu harten Ei oder einer gekochten Kartoffel? Der Fantasie sind keine Grenzen gesetzt, und jedem steht es frei, einen Salat ganz nach persönlichen Vorlieben zu komponieren. Im Winter gibt es Karotten, Fenchel, Radicchio, Rucola, Feldsalat und Endivien; nicht zu vergessen Avocados und Nüsse. Im Sommer wachsen Tomaten, die sich lustvoll mit Gurken, frischem Knoblauch und natürlich Zwiebeln mischen. Und, selbstverständlich, die Kräuter nicht vergessen: Basilikum, Petersilie, Minze, Dill oder was immer das Pflanzenbeet hergibt. Ob winters oder sommers, mit einem frischen Salat wird jedes Essen zu einem Fest.

Wein

Was trinken wir zum Essen? Wasser, Bier oder Wein. Wasser empfehlen die Ärzte, es soll, auch nach längeren Forschungen, völlig unschädlich sein. Menschen, die auf ihre Gesundheit besonders bedacht sind, trinken Fruchtsäfte oder Kräutertees. Nicht nur in Bayern oder Nordrhein-Westfalen wird gerne Bier getrunken. Auch in Frankreich und Italien nimmt der Verzehr von Gerstensaft zu. Wein wird weniger getrunken; es heißt, er enthalte zu viel Alkohol und sei zu teuer; Argumente, die nicht ganz von der Hand zu weisen sind.

Es gibt Leute, die trinken sprudelndes, eiskaltes Wasser, und ich hoffe, es bekommt ihnen. Mir hat nie eingeleuchtet, warum Wasser eiskalt sein muss. Auch Bier wird kalt serviert, hat jedoch den Vorteil, dass es durch seinen würzigen Geschmack besticht und rasch den Durst löscht. Anhänger der Wasserkultur werden selbstverständlich die verschiedenen Sorten mit ihren unterschiedlichen Mineralien goutieren, aber für jeden Weinliebhaber bleibt Wasser ein Behelf. Ein französischer Freund hat mir verraten, dass es unschicklich sei, jemandem Wasser anzubieten. Und ich erlebe hochbetagte Damen, die es strikt ablehnen, etwas anderes als Wein zu trinken. Sie werden damit steinalt und sehen blendend aus. Niemand würde sie für Alkoholikerinnen halten, was sie nach streng medizinischen Maßstäben jedoch sind.

Auch jemand, der dem Alkoholkonsum gänzlich entsagt, wird einräumen, dass frische Weintrauben wunderbar schmecken. Warum soll der Wein, der aus vergorenen Trauben entsteht und aufgrund des Alkohols länger haltbar ist, nicht gesund sein? Vorausgesetzt, man hält den Alkoholspiegel niedrig.

Aber der Reihe nach. Überall, wo Klima und Boden es gestatten, wird Wein angebaut. Für einige Winzer ein großes, für die allermeisten ein hartes Geschäft. Die Nähe zur Natur, die Arbeit in einer fast immer schönen Umgebung – die Weinberge sind gepflegte Gärten – und die dankbaren Kunden sind der Lohn für die anstrengende Arbeit.

Vor Kurzem habe ich nach einem guten Cognac gesucht und bin auf einen Laden in der Kölner Innenstadt gestoßen. Obwohl mich der Besitzer nicht kannte, grüßte er mit »Bonjour Monsieur«. Ein kauziger älterer Mann, der hauptsächlich französische Weine im Angebot führt. Aus einem runden Glasbehälter füllt er dreißig Jahre alten Cognac selbst in kleinen Quantitäten ab. Während ich probierte, betraten junge Frauen den Laden und ließen sich kleine Mengen in handliche Fläschchen füllen, die sie dann in ihren Handtaschen verstauten. Der Cognac war rund, sauber und alt genug, um seine Weichheit und Geistigkeit zur Entfaltung zu bringen.

Wissen Sie, sagte der Mann, als der Laden sich leerte, ich bin schon lange im Geschirr und ziehe mich bald zurück. Ich bin gerade dabei, ein Haus zu verkaufen, und wenn ich es schaffe, dafür einen anständigen Preis zu erzielen, werde ich mir einen Wunsch erfüllen. Dann kaufe ich mir eine Flasche Romanée-Conti, selbst wenn ich dafür 15 000 Euro auf den Tisch legen muss.

Das ist ein Wort: Jemand will 15 000 Euro für eine Flasche Wein auf den Kopf hauen. Das ist eine Stange Geld für ein paar Gläser Rebensaft. Doch reden wir nicht gleich von Verschwendung. Der Weinhändler hatte viele Jahre gearbeitet, in denen er sparsam mit seinen Mitteln umgegangen war. Hatte er nicht das Recht, sein Geld auszugeben, wie er wollte? Das ist das eine. Andererseits beseelte ihn ein Traum: Er wollte wissen, wie der teuerste Wein der Welt schmeckt. Ob er wirklich der beste ist? Anderen macht es Spaß, am Südpol Vögel oder in der Savanne Löwen zu beobachten. Der Einwand, dass eine solche Reise länger dauert, es also mehr für das aufgewendete Geld gibt, sticht nicht. Ein kurzer Blick kann »ewig« dauern, ein einziger Schluck bleibt für »immer« auf der Zunge. Entscheidend ist die Intensität des Erlebten. Das, was bleibt. Ein paar Sekunden im Paradies lohnen hohen Aufwand. Insofern sind die 15 000 Euro gut angelegt, vorausgesetzt, der Wein hält, was er verspricht. Das allerdings ist nicht unbedingt sicher.

Der französische Philosoph Gilles Deleuze, der in seinem Leben viel gezecht hat, meinte, das Ziel des Trinkers sei das »letzte Glas«. Also den Punkt der totalen Betäubung zu erreichen, ab dem »Schluss sei«. Gleichzeitig, so bekannte der Philosoph, versuche er, diesen Punkt immer wieder hinauszuschieben. Also noch ein Glas und noch eins, bis ihm der Verstand versagt. Der Alkoholiker schaut so tief wie möglich ins Glas und hält sich, solange es geht, am Schanktisch fest. Darin liegt das Glück, das er verlängern will. Am Ende steht der Rausch, der Schlaf und schließlich der Tod.

Dies steht ganz im Gegensatz zum Traum des Weinhändlers. Dem geht es um Ekstase, um Verzückung, egal wie lange der Augenblick dauert. Vergleichbar einem Orgasmus, der dadurch, dass er sich im Gedächtnis eingräbt, immer präsent bleibt. Der gewöhnliche Trinker dagegen will die Erinnerung ausschalten.

Mit anderen Worten: Der Genuss, den der Weinhändler sucht, ist dem Leben zugewandt. Ein Weinkenner sucht nicht den Rausch des Vergessens, sondern die Lust der Erinnerung. Er hasst den Kater, braucht kein Alka-Seltzer und hat nichts zu bedauern. Dass dafür etwas auf den Tisch gelegt werden muss, erstaunt nur den, der verkennt, dass jede Lust ihren Preis fordert.

Rausch

Gestern waren französische Freunde zu Gast. Sie stürmten voller Vorfreude ins Haus.

Was gibt es zu essen?

Als Vorspeise gibt es Austern und ein paar frisch gekochte Seeschnecken, dazu einen weißen Burgunder aus Pernand-Vergelesses.

Der Ort liegt im Burgund, ein paar Kilometer von Beaune entfernt, in einer Landschaft, die fabelhafte rote und weiße Weine hervorbringt. Wenn man von Beaune auf der Landstraße 974 in Richtung Norden fährt, stößt man nach ein paar Kilometern auf eine Abzweigung, an der es nach Corton geht. Der Name lässt jedem Kenner das Herz höherschlagen. Wie viele Weinorte bietet auch Corton nichts Besonderes, die Bekanntheit des Namens steht in umgekehrtem Verhältnis zur Größe des Dorfes. Ein heruntergekommenes Schloss steht schon seit Längerem zum Verkauf; wahrscheinlich streiten sich die Erben oder verlangen einen horrenden Preis. Gleich hinter der Ortsausfahrt schlängelt sich die schmale Straße an einer vom Wetter gegerbten Steinmauer entlang; dahinter liegen die Weinberge.

In der Mauer gibt es mehrere Portale, Zugänge zu den Anbauflächen, auf denen »Charlemagne« oder »Corton« steht. Das wäre ein Moment, um auf die Knie zu fallen.

Durch die Portale wandert der Blick auf einen gewölbten, leicht ansteigenden Hang, den Karl der Große als idealen Ort für die Anlage eines Weinbergs ausgespäht hatte. Hauptsächlich nach Süden ausgerichtet, erlaubt er der Sonne durch seine Wölbung vom frühen Morgen bis in den Abend, ihr Bestes zu geben. Weiter oben, auf der Kuppe des Hügels, schützt ein Wald die Reben vor kalten Winden aus dem Norden. So entsteht ein Klima, das den Trauben in Verbindung mit dem außerordentlichen Boden eine ideale Entwicklung ermöglicht. Seit Jahrhunderten wachsen hier legendäre Weine: der rote Corton und der weiße Charlemagne.

Nur ein paar Schritte weiter liegt der Ort Pernand-Vergelesses. Hier leben Winzer, die ihr Fach beherrschen und, selbst wenn ihre Lagen weniger berühmt sind, herrliche Weine erzeugen, für die sie glücklicherweise sehr viel weniger verlangen (können).

Ich habe mehrfach einen weißen Corton-Charlemagne probiert und war jedes Mal etwas enttäuscht. Ein Preis von mehreren hundert Euros pro Flasche treibt die Erwartung in die Höhe, sodass die Enttäuschung beinahe garantiert ist. Leute mit Erfahrung versichern, dass Flaschen, die über hundert Euros kosten, sich nicht lohnen. Obwohl sich das mit meiner Erfahrung deckt, ist es kein Argument gegen den Kölner Weinhändler.

Unsinnig wäre es dagegen, einen teuren Wein zu Austern zu servieren, weil die Schalentiere selbst schon ungemein ausdrucksstark sind. Ein guter Weißer, ein Chablis oder ein Grauburgunder aus dem Badischen passen sehr gut dazu.

Und was gibt es nach den Austern, riefen die Freunde.

Danach gibt es Linguine mit einer Käse- und Pfeffersauce.

Aha, rief jemand, jetzt kommt die europäische Note. Und Maude, die Pianistin, bemerkte: Ich will ja nicht unverschämt sein, aber das ist bestimmt noch nicht das Ende?

Richtig. Leider bin ich nicht früh genug aufgestanden, weshalb es beim Fischhändler nur noch Lachs gab. Seit ich gelesen habe, wie Lachs gezüchtet wird, verzichte ich darauf. Deshalb habe ich mich für Lamm entschieden. Kleine Rippenstücke, sodass jeder nur so wenig davon essen kann, wie er möchte. Dazu gibt es ein Pfannengemüse. Anschließend Käse und, wenn ich mich nicht täusche, einen Nachtisch. Ich hoffe, es wird euch schmecken.

Alle redeten jetzt wild durcheinander. Michael, der Freund von Maude, fragte nach der Herkunft der Austern.

Aus der Normandie. Sie schmecken genauso gut wie die aus der Vendée, vielleicht sogar besser, und sind billiger. Es gibt auch andere, irische oder schottische zum Beispiel, ebenfalls ausgezeichnet.

Das Schöne an solchen Essen ist, dass sich alle für das, was auf den Tisch kommt, interessieren. Hier sagt keiner: Über Essen spricht man nicht, wie das in vielen deutschen Familien selbst viele Jahre nach dem Krieg noch üblich war. Man isst und möchte wissen, was man isst. Und jeder versteht etwas davon. Über das Essen beim Essen zu reden, ist Teil der französischen Kultur, von Kindesbeinen an gelernt. Das freut den Koch und befeuert die Unterhaltung.

Michael zog sein Smartphone aus der Tasche und fand im Handumdrehen ein Gedicht von Charles Baudelaire, in dem der französische Autor des 19. Jahrhunderts fordert: Du musst dich berauschen.

Aber Vorsicht, meinte Michael, der Rausch Baudelaires ist komplex, keine Aufforderung, sich volllaufen zu lassen, sondern Einladung dazu, sich zu begeistern.

Hört euch das an, unterbrach Maude. Beim nächsten Mal, wenn er über die eigenen Füße stolpert, erinnere ich ihn daran.

Ja, ohne Begeisterung, erwiderte Michael unbeeindruckt, geht wirklich nichts; Maude, das gilt für uns beide genauso wie für die Arbeit in der Küche. Deshalb müsst ihr jetzt hören, was Baudelaire fordert: »Du musst dich ständig berauschen. Darum dreht sich alles: Das ist die einzige Frage. Um nicht den schrecklichen Druck der Zeit zu spüren, der auf deinen Schultern lastet und dich zu Boden drückt. Deshalb musst du dich ständig berauschen.

Aber womit? Mit Wein, Poesie oder an Tugenden, was dir gerade Spaß macht. Aber berausche dich.

Und wenn du auf den Stufen zu einem Palais, im Grün eines Grabens, in der düsteren Einsamkeit deines Zimmers aufwachst, und der Rausch nachlässt oder gar verflogen ist, frage den Wind, eine Welle, einen Stern, einen Vogel, eine Uhr, alles Flüchtige, alles, was klagt, alles, was sich bewegt, alles, was singt, was spricht, frage, wie viel Uhr es ist; und der Wind, die Welle, der Stern, der Vogel, die Uhr wird dir antworten: Es ist Zeit, sich zu berauschen. Berausche dich, damit du nicht zu einem erbärmlichen Sklaven der Zeit wirst; berausche dich ohne Unterlass! Mit Wein, mit Poesie oder an Tugenden, was dir gerade Spaß macht.«

Käse und Pfeffer

Nach den Austern gab es Linguine mit »cacio e pepe«. Wie alle Zutaten sind auch Teigwaren von unterschiedlicher Qualität. Warum einen Hehl daraus machen, dass ich kein Freund von hausgemachten Nudeln bin? Die im Handel erhältlichen lassen sich leicht und lange lagern und sind, wenn man die richtigen Marken wählt, von ausgezeichneter Qualität. Hier auf ein oder zwei Euro zu schauen, hat keinen Sinn, zudem ist eine eigene Herstellung aufwendig und lohnt sich kaum, es sei denn, man legt Wert darauf, alles selbst herzustellen. Entscheidend ist, die Nudeln »al dente«, also bissfest, zu kochen. Auf den meisten Packungen steht eine Kochanweisung, die man als Richtschnur nehmen kann. Kurz bevor die Nudeln gar werden, mit einer hölzernen Spaghettigabel ein oder zwei Nudeln aus dem brodelnden Topf herausfischen und anbeißen. Die Zähne spüren, ob der Zeitpunkt gekommen ist und die Nudeln abgegossen werden können. Damit die Nudeln nicht verkleben, am Anfang in das kalte Wasser ein paar Tropfen Olivenöl geben. Wenn man möchte, auch etwas Meersalz, um späteres Nachsalzen zu vermeiden. Immer einberechnen, dass die Nudeln »nachziehen«, dass es also besser ist, sie einen Moment früher herauszunehmen als zu spät. Sie mit dem Wasser in ein Sieb gießen; das Wasser ablaufen lassen. In den noch heißen Topf einen Stich Butter geben, die Nudeln hineinschütten und umrühren, bis sie abgetrocknet sind. Schnell servieren, damit sie heiß auf den – am besten vorgewärmten – Teller kommen.

Und die Sauce? Sie steht schon in einer Pfanne bereit und wartet darauf, serviert zu werden. Sie ist gelblichweiß, riecht nach Käse und Crème fraîche. Hier und da ein paar dunklere Sprenkel, die den Pfeffer und die Petersilie verraten.

Den Gästen schmeckte es, Maude rieb den Teller mit einem Stück Brot aus, und Michael machte sich über die Pfanne her. Ich verschwand wieder in die Küche, um mich um das Gemüse und die Lammkoteletts zu kümmern. Das Gemüse blieb auf der Pilotflamme warm, es fehlte noch ein Schuss Olivenöl und vor allem der frisch gestoßene Pfeffer.

Die Lammkoteletts hatten Zimmertemperatur, weil ich sie schon vor Stunden aus dem Kühlschrank geholt hatte. Das ist wichtig, wenn das Fleisch innen roh oder beinahe roh bleiben soll. Wer hat schon Lust, in kaltes Fleisch zu beißen?

Während die Pfanne heiß wurde, schaute Maude herein. Die Sauce schmeckt fantastisch, strahlte sie, du musst mir das Rezept verraten.

Gerne, sobald wir am Tisch sitzen, jetzt muss ich mich auf die Koteletts konzentrieren.

Maude fiel auf, dass ich die Koteletts ungesalzen und nicht gepfeffert in die Pfanne warf, kurz anbriet und erst pfefferte, als ich die Flamme runterstellte.

Um den Pfeffer nicht zu verbrennen.

Nimmst du keinen Knoblauch?

Nein, Knoblauch verkohlt nur, verliert seinen Geschmack. Nicht mein Fall. Wer nicht darauf verzichten will, kann ihn in einer gesonderten kleinen Pfanne schmoren und dann zum Fleisch servieren. Es gibt Leute, die stecken Knoblauchstücke in das Fleisch, aber der Knoblauch verdient eine andere Behandlung, weil er sonst zwangsläufig entweder halbroh oder verbrannt schmeckt.

Maude half beim Servieren, und dann probierten wir den Châteauneuf du Pape. Das Öffnen einer Flasche ist immer ein kniffliger Moment, vor allem, wenn der Wein schon älter ist. Kommt der Korken unbeschadet heraus? Wie riecht er? Welche Farbe hat der Wein? Und dann der erste Schluck zum Probieren. Der Châteauneuf du Pape ist ein vielschichtiger Wein; bis zu 13 verschiedene Rebsorten kann er enthalten. Folglich braucht es einige Jahre, bis sie sich zusammengerauft haben. Einen guten Châteauneuf du Pape zu finden, der weniger als fünf Jahre gelagert hat, ist schwierig, auch wenn manche Winzer das anders sehen oder sehen möchten.

Maude kam auf die Sauce zurück.

Du musst eine weiße Zwiebel mittlerer Größe schälen und klein schneiden. In einer offenen Pfanne in Olivenöl bei schwachem Feuer dünsten; geschnittene Petersilie oder ein anderes Würzkraut wie Basilikum oder Minze dazugeben und warten, bis die Zwiebeln und Kräuter »weich«

geworden sind. Dann das Feuer abstellen und in der noch heißen Pfanne ein Glas Crème fraîche verteilen; mit einem Esslöffel umrühren, bis sich alles gut vermischt hat. Dann 200 Gramm – oder auch etwas mehr – frisch geriebenen Parmesankäse (oder Pecorino) in der Pfanne so verrühren, dass sich die Crème mit dem Käse zu einer homogenen Sauce vermischt. Wie viel Käse (und welche Sorte) man wählt, hängt von persönlichen Vorlieben ab. Es braucht einen Moment, bis sich der Käse in der Crème fraîche auflöst. Nicht zu wild rühren, sonst klumpt er. Je mehr Käse, um so ausdrucksstärker die Sauce. Mit frisch gestoßenem Pfeffer würzen. Damit die Nudeln und die Sauce heiß auf den Tisch kommen, vor dem Servieren Topf und Pfanne noch einmal kurz anwärmen.

Châteauneuf du Pape

Während wir dem Käse zusprachen, erinnerte ich mich an einen Besuch in einem Weingut südlich von Avignon. Freunde hatten erzählt, dass es dort herrliche Weine gäbe, und während eines Aufenthalts in Avignon machte ich mich an einem heißen Julitag auf, um das Château de Fonsalette in Lagarde-Paréol zu finden. Das Weingut liegt in der Vaucluse, ist der Lage nach kein Châteauneuf du Pape mehr, sondern ein Côte du Rhone.

Schon beim Näherkommen machte die Domaine einen fast verwilderten Eindruck. Das hohe Holztor verschlossen; Hunde schlugen an. Als ich klopfte, dauerte es, bis jemand, ohne die Tür zu öffnen, rief, man erwarte keinen Besuch. Ich wollte mich nicht abweisen lassen und behauptete, von weither zu kommen. Ich hätte von dem herrlichen Wein gehört. Da müsse man mich doch einlassen.

Die Hunde kläfften immer noch wie wild, und als ich schon aufgeben wollte, öffnete sich das Tor einen Spalt. Ein verschrobener Kerl, so um die fünfzig, musterte mich neugierig von oben bis unten.

Wollen Sie mir nicht ein paar Flaschen verkaufen?

Fast kam ich mir wie ein Bettler vor.

Wir geben keinen Wein an Laufkundschaft ab, knurrte der Mann, während die Hunde herumtobten und mich anzuspringen drohten. Schließlich winkte er mich mit einer knappen Handbewegung in den Hof.

Vielleicht ist das eine Falle, dachte ich, als er das Tor hinter mir abschloss. Der Hof befand sich in einem heruntergekommenen Zustand; die Fensterläden von Wind und Wetter ausgelaugt; der morsche Putz bröckelte von den Wänden, und an einigen Stellen waren Steine aus dem Mauerwerk gebrochen.

Dann knarrte eine Tür, und eine schwarz gekleidete Frau kam aus dem Haus, dem Alter nach vielleicht die Mutter des Mannes; sie sagte knapp »Bonjour« und erkundigte sich streng, ob das Tor auch verschlossen sei. Der Mann nickte unwillig und zog ein Bund mit Schlüsseln aus der Tasche. Als er die Kellertür aufgeschlossen hatte, schlug uns ein kühler, leicht modriger Geruch entgegen. Zu dritt ging es die Treppe hinab. Vorsichtig, weil die Beleuchtung so schwach war. Unten ein altes Gewölbe mit langen Regalen, voll mit staubigen Flaschen, alle ohne Etikett. Der Mann nahm eine Flasche aus einem Schrank und entkorkte sie, ohne ein Wort zu verlieren. Nachdem er daran gerochen hatte, hielt er mir das Glas hin. Dann goss er sich selbst einen Schluck ein und probierte, während die Alte ihn misstrauisch beobachtete.

Wie schmeckt der Ihnen?

Samtig weich und würzig kraftvoll. Davon würde ich gerne ein paar Flaschen mitnehmen?

Die beiden sahen sich an, und dann entschied die Alte.

Sechs Flaschen und keine mehr.

Der Wein war damals, als ich ihn gekauft habe, 15 Jahre alt, und ich habe pro Jahr nur eine Flasche davon getrunken.

Sicher jedes Mal ein Erlebnis, sagte Maude mit Wehmut in der Stimme, während Michael sein Smartphone in Marsch setzte.

Da bist du platt, bis zu 200 Euros für ältere Jahrgänge.

Ja, das schrullige Paar hütete einen Schatz und trennte sich von Zeit zu Zeit von ein paar Flaschen, um die Kasse aufzufüllen. Mein Besuch liegt allerdings schon einige Jahre zurück; da habe ich für die sechs Flaschen 200 Euro bezahlt. Oder ein bisschen mehr, so genau erinnere ich mich nicht mehr.

Wasser und Wein

Nach dem weißen Pernand-Vergelesses machte ich einen roten auf. Auch der von einem kleineren Winzer, zu einem erschwinglichen Preis. Ein alter Freund schimpft, wenn ich Weine von größeren Häusern wie Faiveley, Louis Latour oder Jadot kaufe, und rät zu Winzern, die billiger anbieten können, weil sie ohne Zwischenhandel verkaufen. Obwohl er im Prinzip recht hat, möchte ich das Argument nuancieren. Wer hat schon Zeit, tagelang durch die Weinregionen zu fahren und den Winzer zu finden, der den Wein herstellt, der ihm schmeckt und zu seinem Geldbeutel passt? Da muss er Glück haben oder einen Freund, dem man vertrauen kann.

Die bekannten Handelshäuser bieten in der Regel keinen Schund an. Wer also nicht die Möglichkeit hat, bei kleinen Winzern vorbeizuschauen und ihre Weine zu verkosten, ist nicht schlecht beraten, sich das Sortiment der Händler anzuschauen. In der Regel gibt es dort Weine, die nicht nur trinkbar, sondern dem normalen Angebot eine Nasenlänge voraus sind. Im Gegensatz zu manchen anderen Märkten ist der Weinhandel ziemlich transparent. Aufgrund der zahlreichen Anbieter und Vertriebskanäle gibt es einen echten Markt. Jeder Winzer weiß, was die Konkurrenz macht, und deshalb richten sich die Preise nach Angebot und Nachfrage. Das ist der Vorteil eines nicht monopolisierten Marktes.

Zum Käse wird Rotwein serviert. So verlangt es eine eiserne Regel. Allerdings sind Regeln keine Gesetze, und selbst die werden von Zeit zu Zeit geändert. Deshalb schieben wir die Regel beiseite und probieren einfach, was zum Käse schmeckt. Es gibt nämlich Weißweine, die mit ihrer herben Süße fabelhaft zu Käse passen. Es muss kein Sauternes oder Tokaier, eine deutsche oder österreichische Spätlese sein, auch ein Crozes-Hermitage von der Rhone harmoniert sehr gut. Zu einem Camembert oder anderen Weichkäsen trinke ich zwar lieber einen Roten, aber jedem steht es frei, sich anders zu entscheiden.

Es gibt Leute, die keine alten Weine mögen. Ist das eine Frage der Erfahrung? Eine Frage der Zunge und des Gaumens? Ich weiß es nicht. Jeder erfahrene Sommelier wird bestätigen, dass gut gelagerte und sich dafür eignende Weine entschieden verträglicher sind als die alkoholreichen Sprinter, die holzblumigen Gewächse in ihren jungen Jahren.

Ärzte warnen nicht zu Unrecht vor zu viel Alkoholgenuss. Glücklicherweise baut sich mit den Jahren der Alkohol in den Weinen ab; der Schwefel, der dem Wein zugesetzt wird, um ihn haltbarer zu machen, ebenfalls. Ältere Weine sind somit eindeutig bekömmlicher. Sie schmecken nicht nur runder, sie sind auch verträglicher. Deshalb plädiere ich für ältere Weine. Doch was heißt alt? Das hängt vom Wein ab. Rote brauchen in der Regel länger als weiße, bis sie ihren geschmacklichen Zenit erreichen.

Michael trank einen Schluck und betrachtete mit Kennermiene die »Jambes«, die Spuren, die guter Wein im Glas hinterlässt.

Wo lagerst du deinen Wein, ein verdammtes Problem, vor allem in großen Städten, wo jeder Quadratmeter Gold wert ist?

In einer alten Scheune auf dem Land, mit einem Keller, in dem die Bauern früher ihren Apfelwein lagerten.

Hast du keine Angst vor Einbrechern, fragte Maude und schnitt sich noch ein Stück Käse ab.

Ich habe mir ein Beispiel an den Versicherungen genommen, die mit der Mentalität von Dieben bestens vertraut sind. Diebe gehen da zu Werke, wo sie eine Beute vermuten. Wo das schnelle Geld winkt. Übrigens sind sie in diesem Punkt den Bankern durchaus ähnlich, wenn ihr mir diese Spitze verzeiht: Mit möglichst wenig Aufwand soll der größtmögliche Profit eingefahren werden. Unter einer verlassenen Scheune, so mein Kalkül, wird niemand Wein vermuten.

Willst du damit sagen, dass Banker Diebe sind, fragte Maude spitz.

Natürlich nicht. Wie jeder weiß, arbeiten Banker im Rahmen der Gesetze. Von Ausnahmen abgesehen. Das ist der entscheidende Unterschied. Aber sie haben dieselben Ziele. Jedenfalls habe ich Jahr für Jahr auf Weinmessen oder Versteigerungen eingekauft, und irgendwo mussten die Flaschen ja hin. Um keine Regale bauen zu müssen, habe ich die Kisten einfach übereinandergestapelt. In den ersten Jahren habe ich keine Flasche angerührt. Dann kam ein Sommer, in dem es wahnsinnig viel regnete. Auf den Feldern standen große Wasserlachen, aber die Städter dachten sich nichts dabei. Bis uns ein Freund zu einer Landpartie überredete, der bei dieser Gelegenheit auch meinen Keller kennenlernen wollte.

Als wir das Scheunentor öffneten, hatte sich nichts verändert, alles wie immer. Das Holzgebälk mit dem Ziegeldach war ein herrliches Beispiel alter Handwerkskunst. Genauso wie die Lehmwände mit ihren aus gebrannten Ziegeln eingezogenen Stützpfeilern. Doch als ich den im Boden eingelassenen Türverschlag zum Keller hochhob, fuhr mir der Schreck in die Knochen: Wasser, nichts als lehmiges Wasser, bis zum Rand. Der Wein war untergegangen.

Was für eine Katastrophe, riefen Maude und Michael wie aus einem Munde.

Ja, sang- und klanglos verschwunden, denn in einen vollgelaufenen Keller kannst du nur mit einer Taucherausrüstung steigen.

Warum hast du dir keine Pumpe einbauen lassen, fiel mir Maude ins Wort.

Stell dir vor, es gab eine. Doch sie hatte ihren Dienst versagt. Wir starrten in das undurchsichtige Wasser, in dem der Schatz untergegangen war. Unser Freund versuchte zu trösten: Die Flaschen sind doch verkorkt, sagte er. Aber was hieß das schon? Würden sie dem Druck der Wassermassen standhalten? Und wenn, wie lange? Die Kartons würden aufweichen und die Flaschen auf den Boden fallen. Die Holzkisten aufquellen und vielleicht die Flaschen zerquetschen. Die schrecklichsten Gedanken fuhren uns durch den Kopf. Ich rief sofort den Installateur an, der sich, ein Glück, an einem Samstag meldete, und berichtete ihm von der Katastrophe. Der Mann verstand die Situation und versprach, sich auf den Weg zu machen. Nach einer halben Stunde war er zur Stelle und ging sofort zum elektrischen Schaltkasten. Tatsächlich gelang es ihm, die Pumpe wieder in Gang zu setzen, indem er die elektrische Spannung erhöhte.

Das Wasser sprudelte jetzt wie ein Hoffnungsstrahl hinaus auf die Wiese. Unsere Gesichter hellten sich auf, doch schon bald mussten wir uns eingestehen, dass es Stunden dauern würde, bis man den Keller wieder betreten konnte. Also beschlossen wir zurückzufahren. Würde die Pumpe durchhalten? Und was würden wir dann zu sehen bekommen?

Meine Frau hatte gelesen, dass Flaschen nach Jahrzehnten auf dem Meeresboden gefunden worden waren, unversehrt und trinkbar. Doch was half das? Während der Nacht schreckte ich immer wieder auf, und am nächsten Morgen sprang ich, ganz gegen meine Gewohnheiten, um sechs Uhr aus dem Bett.

Wir fahren jetzt los und versuchen, Gummistiefel zu kaufen.

Sonntagmorgens ist alles zu. Da findest du nirgendwo Gummistiefel, mokierte sie sich.

Auf dem Land sind die Geschäfte auf. Ich muss wissen, was mit dem Wein ist. Wenn du nicht mitkommst, fahre ich allein.

Sie verstand, doch tatsächlich waren die Supermärkte zu. In einem kleinen Städtchen außerhalb von Paris fanden wir schließlich einen Pflanzenmarkt und auch Gummistiefel; die letzten, weil wegen des starken Regens alles ausverkauft war, wie die Verkäuferin mit einer Mischung von Zufriedenheit und Süffisanz erklärte.

Um es kurz zu machen: Als wir an den Ort des Grauens zurückkehrten, stand der Keller immer noch zur Hälfte unter Wasser, obwohl die Pumpe auf Hochtouren arbeitete. Gummistiefel anzuziehen, wäre sinnlos gewesen. Stattdessen haben wir uns ausgezogen und an die Arbeit gemacht. Immerhin war Sommer. Nur die Schuhe haben wir anbehalten, um besser stehen zu können.

Das Wasser war lauwarm, und solange wir durch die hüfthohe Brühe wateten, hatten die Kisten ein erträgliches Gewicht, doch wenn es die kleine Treppe raufging, wurden sie bleischwer. Einige Kartons waren heruntergefallen, das Papier aufgeweicht, aber gottlob war nichts zu Bruch gegangen. Gegen Abend hatten wir die feuchte Ladung in Sicherheit gebracht, ein paar Etiketten waren futsch, aber sonst alles heil.

Ende gut, alles gut?

Na ja, der Schock sitzt mir bis heute in den Knochen. Inzwischen haben wir einen guten Teil der Flaschen getrunken; keine hatte einen Schaden genommen.

Riechen, schauen, schmecken

Seinen Gästen einen Schluck Wein anzubieten, gehört heute zum guten Ton. Kein Wunder, dass es fast so viele Wein- wie Kochbücher gibt. Meistens handelt es sich um dicke Schwarten, in denen die bedeutenden Lagen der einzelnen Weinregionen aufgelistet werden, die angebauten Rebsorten, die Qualität der verschiedenen Jahrgänge. Fast immer gibt es ein Verzeichnis der Winzer, die dem Leser ans Herz gelegt werden. Diese Bücher kann man ins Regal stellen und mehr oder weniger vergessen. Damit wird niemand zum Weinkenner. Es gibt nur eine Möglichkeit, die unglaubliche Vielfalt der Weine und ihre Qualitäten kennenzulernen. Um beurteilen zu können, was ein guter Wein ist, muss man möglichst viele Flaschen öffnen und probieren. Mehr oder weniger täglich, über Jahre hinweg. Mäßig, aber regelmäßig. Wie in der Kunst, Literatur oder Musik, wo sich der Geschmack durch häufiges Betrachten, Lesen oder Hören formt. Durch den Vergleich entdeckt man, was einem zusagt, was man ablehnt. So entsteht ein Wissen um die verschiedenen Weine, und so schält sich heraus, welche unsere Präferenz haben.

Fangen wir mit dem Öffnen der Flasche an. Man braucht ein scharfes robustes Messer, um die Metallkapsel abzutrennen. Es sieht einfach schöner aus, wenn die Kapsel ordentlich entfernt wurde, und außerdem soll der Wein, wenn er aus der Flasche fließt, nicht mit dem Metall in Berührung kommen; was unweigerlich der Fall ist, wenn man den Korkenzieher durch das Metall bohrt und den Korken mit Gewalt durch die Kapsel zieht.

Dann empfiehlt sich ein guter Korkenzieher. Es gibt die unterschiedlichsten Modelle, in jedem Land andere, doch hat sich – für mich – ein Modell als das praktischste herausgestellt: der Flügel- oder Hebelkorkenzieher. Dank seiner Konstruktion kann man ihn gut zentrieren, ihn tief und gerade in den Korken bohren, und wenn man die beiden Hebel herunterdrückt, schießt einem das Blut nicht in den Kopf, weil sich auch festsitzende Korken ohne größeren Kraftaufwand leicht und gleichmäßig herausziehen lassen.

Bereits der Zustand des Korkens verrät einiges über den Inhalt der Flasche. Ein knochenharter Korken ist keine Empfehlung, doch muss das nicht heißen, dass der Wein schlecht ist oder unsachgemäß gelagert wurde. Im Allgemeinen kann man davon ausgehen, dass ein guter Naturkorken über viele Jahre elastisch bleibt und sich zugleich leicht herausziehen lässt. Je länger die Korken sind, umso mehr haben sie gekostet, und desto mehr vertraut der Winzer der Lagerfähigkeit seines Weins.

Plastikkorken sind keine Empfehlung. Schraubverschlüsse mögen für schnelllebige Ware durchgehen. Ein Wein, der gelagert werden soll, verdient Besseres. Bei richtiger Lagerung verändert der Naturkorken da, wo er mit dem Wein in Kontakt kommt, seine Farbe. Er riecht nicht nach Korken, sondern wie der Wein, und das ermöglicht bereits einen Vorgeschmack.

Vor vielen Jahren, ja Jahrzehnten, brachte mir eine französische Kellnerin eine Flasche an den Tisch und machte sich daran, sie zu öffnen. Mit professioneller Fertigkeit zog sie den Korken heraus und lachte mich an: Sie erlauben? Ich nickte, obwohl ich nicht genau begriff, was sie eigentlich gemeint hatte. Darauf roch sie genießerisch an dem Korken; es sah aus wie Liebkosung, und nach der ersten Verblüffung erklärte sich die Geste. Sie war zufrieden mit dem, was sie anbot, und konnte sicher sein, dass der Wein in Ordnung war, den sie einschenkte. Gleichzeitig partizipierte sie – ein klein wenig – am Genuss. Denn das ist, der Reihenfolge nach, die erste Qualität eines Weins: Er muss die Nase ansprechen.

Und die zweite? »Qu'elle robe a-t-il«, wollen die Franzosen wissen, wenn es um die Farbe des Weins geht. Das Wort »Robe« entspricht dem deutschen Wort »Kleid«. Der Wein soll sich also gut anziehen, damit er dem Auge gefällt. Viele Verkoster beschreiben mit blumigen Ausdrücken die Farbe eines Weins. Wer sich für diese Weinprosa begeistert, tue es; allein, mir fehlt der Glaube. Der Grund dafür ist einfach: ich vermag mir aufgrund solcher Beschreibungen nicht vorzustellen, wie der Wein wirklich aussieht oder gar schmeckt. Was eigentlich schade ist, denn die Farbe eines Weins erzählt einiges über seinen Charakter. Seine Einzigartigkeit liegt gerade darin, dass die Farbe sich nicht genau mit Worten beschreiben lässt. Rot ist nicht das Rot auf einer Farbenskala; auch nicht das Rot eines Sonnenuntergangs. Die Schönheit eines Bildes von Botticelli, die Harmonie einer Sonate von Schubert lassen sich ebenfalls nicht in Worte fassen. Es bleiben Annäherungen.

Das Rot eines feurigen Burgunders ist unbeschreiblich, man muss gesehen haben, wie er im Glas funkelt, wenn man ihn gegen eine Lichtquelle hält und er auf eine andere Welt verweist. Ja, die Farben der großen Gewächse strahlen, als kämen sie aus einer anderen Welt. Egal, ob sie weiß oder rot sind, sie haben etwas Überirdisches, etwas, was sie über das Alltägliche weit erhebt. Wie die Fensterrosen in gotischen Kathedralen, durch die die Abendsonne scheint. Zwischen dem funkelnden Rot der Burgunder und dem goldenen Leuchten der Sauternes gibt es so viele farbliche Nuancen wie Weine.

Wenn der Wein angenehm riecht und eine schöne Farbe hat, kann der erste Schluck getrunken werden. Das ist der entscheidende Moment. Schmeckt er? Oder ist er widerspenstig und läuft nicht flüssig die Kehle hinunter? Dann ist er wahrscheinlich malträtiert worden. Die heutige Weinchemie eröffnet dazu eine Palette von Möglichkeiten. Je mehr der Wein behandelt wird, was bereits im Weinberg beginnt, desto höher ist die Wahrscheinlichkeit, dass er aus dem Gleichgewicht gerät. Ein empfindlicher Gaumen merkt das und widersetzt sich solchen Manipulationen.

Die Kenner haben das längst erkannt, und die Freunde einer nachhaltigen Landwirtschaft haben ihnen geholfen. Die Bio-Winzer haben die Strategie vorgegeben. Schon in den neunziger Jahren des vorigen Jahrhunderts erzählte der Sommelier der Galleries Lafayette in Paris von neuen

Anbaumethoden. Statt Traktoren wurden von einzelnen Winzern wieder Pferde eingesetzt, um der Verdichtung des Bodens entgegenzuwirken. Etwas später kaufte sich der Schauspieler Gérard Depardieu in der Touraine ein Weingut und ließ sich dabei fotografieren, wie er ein Stück Erde in die Hand nahm und genüsslich im Mund zergehen ließ.

Gleichzeitig standen erschreckende Berichte in den Zeitungen. Im Bordeaux waren Leute an Krebs und anderen Krankheiten gestorben, weil sie neben Weinbergen lebten, auf denen Pflanzenschutzmittel, die besser Pflanzengifte hießen, gespritzt worden waren. Seither sehe ich mir die Etiketten genauer an und freue mich, wenn der Winzer auf biologischen Anbau eingeschwenkt ist.

Gestern ist mir die Reklame eines Bordeaux-Winzers ins Haus geflattert. Er preist den 2018er und 19er als hervorragende Jahrgänge und fügt unter dem Stichwort »Biodiversität« Folgendes hinzu: »Die Insekten spielen in der Natur eine entscheidende Rolle, indem sie die Blätter und das tote Holz, die Kadaver oder Fäkalien anderer Tiere entsorgen. Ohne die Pflanzen und vor allem die Rebstöcke könnten die Insekten nicht leben. Doch das Gegenteil ist ebenfalls richtig. Die Rebstöcke brauchen die Insekten, damit sie den Blütenstaub transportieren, und um sie anzulocken erzeugen sie Nektar und herrliche Düfte. In unseren Weinbergen fördern wir die Entwicklung dieser hilfreichen Insekten, die auf natürliche Weise die Schädlinge vernichten, ohne dass der Mensch eingreifen müsste.« Das ist der Weg, der einzige, der der Gesundheit des Weins und unserer eigenen hilft.

Im Prinzip hat jeder Bauer, jeder Winzer recht, der seinen Chemiebaukasten auf den Müll schafft oder, richtiger, so ordentlich wie möglich entsorgt. Leider ist die Umstellung auf biologischen Anbau eine Angelegenheit von Jahren, und auch damit ist die Sache nicht getan. Denn der Wein soll ja schmecken, und dazu braucht es den erfahrenen Winzer, der weiß, wie guter Wein entsteht. Traubensaft zu vergären und ihn auf Flaschen abzufüllen, und sei er konsequent naturbelassen, ergibt noch keinen guten Wein. Und schon gar keinen großen. Das hat mit Erfahrung und der Formung des Geschmacks zu tun. Wer ein Leben lang nur Apfel- oder Holundersaft trinkt, entwickelt einen eigenen Geschmack. Safttrinker und Rohköstler möchten nüchtern und gesund bleiben. Das ist auch mein Ziel. Aber dazu esse ich, was ich hier beschreibe, und trinke Wein, der mir schmeckt. Nicht, um mich zu betrinken, sondern weil er gesund ist und mich auf andere Gedanken bringt.

Der Bildhauer Auguste Rodin hat sich in den französischen Kathedralen umgeschaut, um ihren Geist zu ergründen. Er staunte über die majestätische Kraft der Gewölbe, die Farbenpracht der Fenster, die elegante Anmut der Statuen und ergänzte seine Betrachtungen über die steinernen Schönheiten mit selbstgefertigten Skizzen. Ein großer Wein hat etwas von einer Kathedrale, die einen ins Staunen versetzt, in der man andächtig wird. Andacht ist etwas Spirituelles, sie ist nicht nur in Kathedralen möglich. Ein Gläubiger, der in einer alten, aus Feldsteinen errichteten Dorfkirche niederkniet, um ein Gebet zu verrichten, kann das in tiefer Andacht tun. Er wendet sich an Gott und hat damit wenig gemeinsam mit dem Trinker, der am Tresen ein Glas Wein bestellt und der realen Welt verhaftet bleibt. Doch die Hingabe an den Moment ist dieselbe wie bei einem Gläubigen.

Flambierte Früchte

Es war schon spät, die Gäste immer noch munter.

Gibt es keinen Nachtisch, fragte Michael in einem Ton, der wenig Zweifel daran ließ, dass seine Mutter ihn mit Süßspeisen verwöhnt hatte.

Nachtische sind die Spezialität der Patissiers, und in meiner Küche gibt es weder Mehl noch Zucker.

Du isst doch Brot.

Stimmt, aber nur zum Frühstück oder zu Käse und einer Scheibe Salami. Sonst verzichte ich auf Brot; vielleicht eine Marotte.

Maude mischte sich ein.

Ich habe gehört, dass Brot dick macht. Und Zucker krank.

Mag sein, doch morgens brauche ich ein Stück Brot und Konfitüre. Mehl mag ich in der Küche nicht, vielleicht weil es zu sehr staubt.

Also, was gibt es als Nachtisch?

Geschmorte Äpfel, in Spiritus flambiert.

Willst du uns vergiften?

Nehmen wir ein anderes Wort dafür: Weingeist. Oder noch feiner: Calvados, Cognac, Armagnac, alles, was über

40 Prozent hat, sonst brennt es nicht. Am besten auf der Basis von Trauben oder Äpfeln, vielleicht auch Pflaumen oder Marillen. Schnaps auf Weizenbasis ist nicht mein Fall.

Und womit fängst du an?

Ein Stück gesalzene Butter und zwei bis drei Esslöffel Honig in der Pfanne verrühren. So lange warten, bis die Mischung anfängt zu karamellisieren. Dann den Saft einer gepressten Orange dazugeben. In Viertel geschnittene Pfirsiche oder Birnen, Bananen oder Äpfel in die Pfanne geben. Verrühren und das Feuer abstellen. Bis die Früchte in der heißen Pfanne weich werden und der Saft sich etwas verdickt, dauert es etwas. Währenddessen kann das Essen serviert werden, so gewinnt man Zeit. Mit frisch gestoßenem Pfeffer würzen. Zum Flambieren kurzfristig die Temperatur erhöhen und eine Portion Alkohol, nein Weingeist, über die Früchte gießen; die Pfanne etwas hin- und herbewegen, damit der Alkohol sich verteilt, und mit einem Streichholz das Gemisch anzünden. Es macht »Puff«, und man erschrickt, doch wenn die Pfanne einmal brennt, kann man sie mit leichter Hand auf den Tisch jonglieren.

Fabelhaft, riefen die Gäste und hoben ihre Gläser.

Kartoffelpüree

Solche Essen ziehen sich durch den Abend, ohne dass Langeweile aufkommt. Die Gerichte, die auf den Tisch kommen, bieten nicht nur dem Gaumen, sondern auch dem Auge Abwechslung. Das ergibt Stoff für Gespräche, belebt die Sinne und reizt den Verstand. Wenn Arthur zu Besuch ist, interessiert er sich für etwas anderes. Er möchte das essen, wonach ihm gerade der Sinn steht. Und heute will er Püree essen, ein Kinderessen, wie man es sich besser kaum vorstellen kann. Und wenn es gelingt, ist es ein Genuss für Jung und Alt.

Es fängt mit den Kartoffeln an. Es müssen die richtigen Kartoffeln her, eine festkochende Sorte vom Bio-Bauern.

Warum denn festkochend? Das Püree soll doch weich sein.

Ja, es soll weich sein, aber nicht breiig oder gar schleimig; das ist ein entscheidender Unterschied. Die Kartoffeln werden mit der Gemüsebürste gesäubert und ungeschält gekocht, weil so weniger Geschmack verloren geht. Wenn man ein Messer mit etwas Widerstand in die Kartoffeln hineinstechen kann, das Wasser abschütten; abkühlen lassen, damit sie, ohne dass man sich die Finger verbrennt, gepellt werden können. Anschließend in kleine Stücke oder Scheiben schneiden und durch eine Flotte Lotte drehen.

Warum nimmst du keinen Mixer, fragte Arthur.

Weil der elektrische Motor alles zu Brei schlägt.

Ist doch gut, beharrte er, wir wollen doch Kartoffelbrei.

Nein, wir wollen keinen Brei, sondern nur die Kartoffeln zerkleinern; wir wollen sie nicht in einen anderen Zustand bringen; sie sollen wie Kartoffeln schmecken und die Zutaten eine geschmackliche Verfeinerung bewirken. Wenn man das ursprüngliche Produkt nicht mehr wiedererkennt, kann man auch gleich etwas anderes nehmen.

Arthur schwieg, und mir war nicht klar, ob er mich verstanden hatte.

Wenn Fisch nicht mehr nach Fisch und Gemüse nicht mehr nach Gemüse schmeckt, kann man sie durch etwas anderes ersetzen. Wollen wir das? Nein, wir wollen den ursprünglichen Geschmack erhalten und gleichzeitig dem Gericht eine besondere Note geben; es soll sich nicht in einem unklarem Gewürzpanorama auflösen. Gut ist, wenn die Gäste herauszufinden versuchen, was für Substanzen verwendet worden sind. Verfeinern heißt, den Geschmack der Kartoffel mit anderen Aromen anzureichern. Kartoffeln bleiben Kartoffeln, aber sie sind nicht mehr nur Kartoffeln. Wenn ich auf einem Teller in einem feinen Restaurant roten oder grünen Schaum sehe und nicht mehr riechen oder schmecken kann, woraus er fabriziert worden ist, vergeht mir der Appetit.

Und weil wir den Spaß am Essen steigern wollen, nehmen wir ein Gerät, das Flotte Lotte heißt. Es ist ein Küchengerät, das man mit der Hand betreibt und das zum Passieren von Früchten und Gemüse dient. Es haut aber nichts in Stücke, es zerstört nicht. Wir bedienen es mit der Hand, und wenn wir das richtige Sieb wählen, bekommen wir kleine Kartoffelstücke und keinen Brei.

Arthur bediente die Flotte Lotte, so wie es sich gehört; heraus kamen Kartoffelflocken mit einer schön gelben Farbe, die immer noch wie Kartoffeln schmeckten.

Noch sind wir nicht am Ziel, kommentierte er fachmännisch.

Jetzt schneiden wir eine Zwiebel in kleine Stücke und lassen sie in Olivenöl glasig werden. Hacken Petersilie (oder, wenn vorhanden, Lavendel) klein. Warten, bis auch die Petersilie (oder der Lavendel) weich geworden ist. Unterdessen stoßen wir die Pfefferkörner und etwas grobes Meersalz klein, geben ein Stück gesalzene Butter in den Topf und schütten dann die Kartoffelflocken dazu. Reichern mit etwas Milch an, damit das Ganze nicht klumpt. Vorsichtig umrühren, sodass sich alles gut vermischt. Gegebenenfalls noch etwas Olivenöl nachgießen. Es soll ja nichts anbrennen und nicht vergessen: die Flamme ausdrehen und gleich servieren.

Suppen

Früher zählten Suppen zur täglichen Ernährung, und es ist eigentlich schade, dass das nicht mehr so ist. Denn Suppen sind zwar etwas umständlicher herzustellen, haben aber den Vorteil, leicht verdaulich zu sein; außerdem enthalten sie viele Stoffe, die der Körper dringend braucht. Sie lassen sich gut aufbewahren und können problemlos aufgewärmt werden. Oft schmecken sie dann noch besser.

Tatsächlich finden sich in den meisten Kochbüchern so viele Suppenrezepte wie mögliche Suppenbestandteile: von der Erbsen- bis zur Ochsenschwanzsuppe, von der Fenchel- bis zur Kürbissuppe. Wichtiger Bestandteil einer Suppe ist jedoch die Flüssigkeit, in der die verschiedenen Bestandteile der Suppe ihre Aromen entfalten sollen.

In fast allen Ratgebern wird hierzu Wasser empfohlen oder eine bereits vorher angesetzte Fleisch- oder Fischbrühe, die hauptsächlich auch aus Wasser besteht. Da liegt, wie schon bei der Tomatensuppe, der Haken. Denn Wasser schmeckt nach nichts, es sei denn nach Kalk oder Chlor, und entwickelt erst durch Fleisch oder Fisch oder andere Zutaten Geschmack. Daran, dass das gekochte

Suppenfleisch »ausgelaugt« schmeckt, erkennt man, dass es Geschmack abgegeben, dass es von seiner Substanz eingebüßt hat. Was nicht heißt, dass es in Verbindung mit einer Sauce nicht auch gut munden kann. Im Übrigen soll ja so wenig wie möglich im Abfalleimer landen.

Um einer Suppe Konsistenz zu verleihen, gibt es ein probates Mittel: nämlich statt des Wassers Wein zu wählen. Es kommt auf die Intensität des Geschmacks an, den man erzielen will. Je kräftiger die Suppe, umso weniger Wasser und stattdessen Wein. Keine Sorge, auch für Kinder sind solche Suppen geeignet, weil der Alkohol während des Kochvorgangs verdunstet. Er löst sich in Dampf auf, während alle sonstigen Bestandteile des Weins ihre Wirkung entfalten können. Zur Erinnerung: Auch Wein besteht größtenteils aus Wasser.

So können die verschiedensten Suppen zubereitet und den persönlichen Vorlieben angepasst werden. Ich möchte jedoch ein Rezept, und zwar für eine Muschelsuppe, etwas detaillierter vorstellen, weil sie besonders gut schmeckt und ein Bindeglied zwischen alter und neuer Küche darstellt. Anders ausgedrückt: zwischen individuellem Improvisieren und präziser Küchenarbeit. Man muss den einzelnen vorgeschlagenen Schritten exakt folgen und auch die notwendigen Zutaten nehmen, sonst trifft man nicht den Punkt, an dem die Suppe ihre in der Tat wunderbare Wirkung entfaltet. Es geht um Konzentration – Verdichtung und Intensität –, neben der Qualität der Bestandteile das erste und letzte Geheimnis großer Küchen.

Zu den Zutaten gehört ein Kilogramm gute Muscheln. Wenn möglich, nehme ich die *Moules de Bouchot*, also bretonische Miesmuscheln. Ihr Aroma ist vorzüglich. Zwei Zwiebeln, eine Knoblauchzehe, ein Rosmarinzweig oder auch Thymian, Petersilie, Pfeffer, Meersalz, Olivenöl und drei Tomaten. Unverzichtbar sind ein Esslöffel Crème fraîche und ein Teelöffel Safran. Und nicht zuletzt: eine gute Flasche Weißwein.

Wo gibt es diese Zutaten in gewünschter Qualität? Die Antwort: auf einem guten Markt, sicher auf einem französischen, aber auch auf einem deutschen. Vorausgesetzt, man kauft während der Saison ein, in der es Muscheln und Tomaten gibt. Die bretonischen Muscheln, die aus der Bucht von Saint Michel kommen, wo die Normandie in die Bretagne übergeht, gibt es von Juli bis Februar, und die Tomaten, die aus dem Garten oder einem guten Gewächshaus kommen, gibt es von Juli bis Ende Oktober, Anfang November. Nur während dieser Zeitspanne kann es also auch die Muschelsuppe geben, um die es hier geht. Wem das zu rigoros vorkommt, der sollte sich an Theodor Fontane erinnern: Das Beste oder nichts, so lautet die Devise seiner Heldin Effie Briest.

Und nun machen wir uns daran, die Suppe zu kochen: Zwei mittlere Zwiebeln und zwei Zehen Knoblauch schälen; zerkleinern und mit Olivenöl in einen größeren Topf ein paar Minuten glasig werden lassen. Die Muscheln kurz waschen, um eventuelle Reste des Verpackungsmaterials abzuspülen, und dann in den Topf schütten. Die geviertelten Tomaten, Thymian und/oder Rosmarin dazugeben. Pfeffer und Petersilie nicht vergessen. Das Ganze mit einer Flasche Weißwein übergießen – ein Côtes du Rhone hat die richtige Fruchtigkeit und nur wenig Azidität, die bereits in den Tomaten enthalten ist – und so lange köcheln lassen, bis die Muscheln aufspringen. Das Feuer abstellen und ziehen lassen. Sobald der Topf abgekühlt ist, den Sud durch ein feinmaschiges Sieb in einen zweiten Topf gießen. Probieren. Das Konzentrat schmeckt sehr intensiv. Ein Löffel Crème fraîche mildert den intensiven Geschmack und verleiht der Suppe eine schöne Farbe. Jetzt kommt der Clou: eine kleine Portion Safran verrühren und noch einmal kurz anwärmen, damit sich die Crème fraîche und der Safran gut in der Bouillon auflösen.

Es kann serviert werden; am besten in Tassen. Also nicht mit dem Löffel zu sich nehmen wie üblicherweise bei Suppen, sondern in kleinen Schlucken; wie einen kostbaren Tee. Ein ambrosischer Genuss.

Venus- oder Herzmuscheln

In der Literatur des 19. Jahrhunderts hat das Essen eine große Rolle gespielt. Nicht nur die französischen, auch die russischen Erzähler haben dem Essen (und Trinken) viel Raum eingeräumt. Tolstois Held Ivan Iljitsch, ein hoher russischer Justizbeamter, liegt im Sterben und sucht die glücklichen Momente seines Lebens. Er muss weit zurückdenken, bis in die Kindheit, um fündig zu werden. Da hat er getrocknete französische Pflaumen gegessen; mit dieser schönen Säure, die den Mund leicht zusammenzog, wenn er das Fleisch der Pflaume bis zum Kern abgenagt hatte. Iljitsch, ein Staatsanwalt, den die Natur mit Talenten ausgestattet hat, der eine Frau und Kinder ernährt, ein angesehener Mann – diesem Iljitsch fehlt etwas. Er ist unglücklich, weil er seine Frau hasst. Und diese gibt es ihm zurück. Tolstoi betont die gegenseitige Abneigung so oft, dass man ihm glauben muss. Woher der Hass kommt, wird nur angedeutet. Irgendwann hat der Bruch stattgefunden. Die beiden verstehen sich nicht mehr, haben sich nichts mehr zu sagen. Die sprachlose Antipathie überlagert alles andere. Sie verdrängt auf die Dauer auch die positiven Seiten. So klammert sich Iljitsch an Erinnerungen; aus deren Splittern saugt er einen Rest von Glück.

Wenn man bedenkt, wie empfänglich ein junger Körper für gustative Wohltaten ist, ist diese Rückbesinnung kaum verwunderlich. Der erste Geruch des Meeres. Die salzige Luft, die kreischenden Möwen, die in steilen Kurven auf dem Wasser landen, kurz verweilen und wieder in den Himmel steigen. Die unwiderstehliche Lust, sich nach einer langen Autoreise auf die Terrasse einer Trattoria in einem italienischen Hafen zu setzen. Der singende Kellner mit der handgeschriebenen Tageskarte: Pasta in allen Varianten. Wir entscheiden uns für »Spaghetti alle vongole« und ein Glas Weißwein. Wir sind in den sechziger Jahren, als in der Küche noch mit den Händen gearbeitet wurde.

Es ist das einfachste Gericht, das man sich vorstellen kann. Ein Kilo Venusmuscheln, eine frische Zwiebel, zwei oder drei Knoblauchzehen, Petersilie, Peperoni, eine halbe Zitrone und ein trockener Frascati. Zwiebel, Knoblauch, Peperoni und Petersilie kleinhacken und in Olivenöl glasig werden lassen; nach den Muscheln den Weißwein in die Pfanne gießen, so viel, dass die Muscheln mehr oder weniger schwimmen. Nur Muscheln wählen, die geschlossen sind. Gleichzeitig das Wasser für die Spaghetti erhitzen. Warten, bis die Muscheln sich öffnen. Alle, die sich nicht öffnen, aussortieren. Das Feuer herunterdrehen und warten, bis die Spaghetti beinahe »al dente« sind. Abgießen, kurz trocknen lassen und mit dem Muschelsud verrühren; auf kleiner Flamme zwei oder drei Minuten ziehen lassen.

Wenn die Zutaten und vor allem die Muscheln gut sind, schmeckt das ausgezeichnet. Ist leicht und lässt sich im Handumdrehen zubereiten.

Linsen

Gestern schlich sich unerwartet Arthur in die Küche. Ob er mit uns essen wolle, erkundigte ich mich.

Ein Linsengericht, platzte er heraus und sah mich mit blitzenden Augen an.

Ein Linsengericht?

Du weißt doch, was ich meine.

Ich kenne den Begriff aus der Bibel. Das Wort ist aus der Mode gekommen.

Ja, die Lehrerin hat uns die Geschichte von Jakob und Esau erzählt. Begreifst du, dass jemand für ein Essen sein ganzes Erbe verspielt?

Wenn ich mich richtig erinnere, kehrte Esau müde von der Jagd zurück, und sein Bruder Jakob kochte gerade. Esau war hungrig und wollte auf der Stelle etwas essen. Vielleicht roch es auch so verführerisch, dass er sich an den Tisch setzte und seinen Bruder drängte, ihm aufzutischen. Der schlaue Jakob packte die Gelegenheit beim Schopf und schlug einen perfiden Deal vor: ein Essen gegen das Erbe. Dass Esau in diesem Moment keinen Wert mehr auf sein Erbe legte, ist erstaunlich. Der Magen muss ihm in den Kniekehlen gehangen und die Linsen so verlockend ausgesehen und gerochen haben, dass es keine Rolle mehr spielte, wie das Leben weiterging. Mit oder ohne Erbe.

Esau hätte sich doch ein Brot schmieren können, meinte Arthur. Und einen Moment später setzte er hinzu: Die Lehrerin hat gesagt, dass auch die Mutter in die Geschichte verwickelt war. Sie soll Jakob verkleidet zu seinem Vater Isaak geschickt haben, als der im Sterben lag, damit er Jakob und nicht dem erstgeborenen Esau das Erbe zuspricht.

Dann wäre die Mutter schuld. Und nicht die Linsen.

Vielleicht beide.

Auf jeden Fall zeigte sich Esau von seiner schwachen Seite, als er unbedingt vom Linsengericht seines Bruders kosten wollte. Und die Mutter, die diese Schwäche erkannt hatte, schob, als der Vater im Sterben lag, ihren zweiten Sohn vor, damit er und nicht der Älteste das Erbe übernimmt. Seither haftet dem Linsengericht ein merkwürdiger Ruf an: Man gibt etwas für einen unverhältnismäßig niedrigen Preis ab.

Aber wie schmecken denn Linsen? Sie müssen doch wahnsinnig gut sein, sonst hätte Esau sein Erstgeburtsrecht nicht so einfach hergegeben.

Am besten, wir machen uns an die Arbeit: Füllen 250 Gramm Linsen, nicht irgendwelche, sondern grüne Linsen in einen Topf und bedecken sie mit der doppelten Menge Wasser. Erhitzen den Topf und warten, bis sie »al dente« sind. Parallel dazu werden in einer Pfanne mehrere kleingeschnittene Zwiebeln, Petersilie und etwas Knoblauch in Olivenöl glasig gebraten. Wir schütten die Linsen in ein Sieb und bewahren das Wasser auf. Geben die Linsen mit einem Glas Weißwein in die Pfanne und verrühren das Ganze. Pfeffern, gießen etwas Balsamico-Essig darüber, sodass die Linsen einen leicht säuerlichen Geschmack bekommen, und lassen das Ganze etwas ziehen. Sollten die Linsen zu trocken werden, mit ein wenig Linsensud verflüssigen und mit etwas Crème fraîche anreichern.

Und? Wie schmeckt's?

Gut, sehr gut sogar, nickte Arthur, aber ob ich mein Erbe dafür hergäbe, muss ich mir noch überlegen.

Das Reich der Sinne

In der Küche dreht sich alles um Sinneserfahrungen. Sehen, Hören, Greifen, Riechen und Schmecken decken die ganze Breite der sensorischen Erfahrungen ab. Insbesondere das Riechen und Schmecken (in geringerem Maße der Tastsinn) sind elementare Zugänge zur Welt. Diese Erfahrungen bestimmen, was sich in unserem Geist abspielt. Vom Geist der Küche zu sprechen, ist daher kein leeres Gerede. Es gibt ihn, den Geist, der über der Küche schwebt. Und der Koch entscheidet, um welchen Geist es sich handelt. Es fängt beim Einkauf an und hört beim Servieren auf.

Wenn ein Gast auf die Frage, wie es ihm schmeckt, antwortet: »Wissen Sie, mir schmeckt einfach alles«, frage ich mich, warum ich gekocht habe. Für jemanden, dem alles schmeckt, braucht man sich nicht an den Herd zu stellen. Der Mensch tut mir leid. Genauso wie jemand, dem nichts schmeckt. Ein echtes Parfum, keine chemische Imitation, versetzt die Welt in Aufregung. Es verzaubert Frau und Mann und hüllt sie in eine Wolke, auf der sich schweben lässt.

Kein Koch ist so erfinderisch wie die Natur. Sie hat genügend Zeit, um exakt die Komponenten zusammenzubringen, auf die unser Körper mit Wohlgefallen reagiert. Tolstois Ivan Iljitsch hat in seinem Leben Glück gehabt, weil er mit Talenten gesegnet war und eine bürgerliche Karriere absolvieren konnte. Aber was die sinnlichen Genüsse anbetraf, war er ohne Glück. In der Stunde der Not, als es dem Ende zugeht, fällt ihm das französische Dörrobst ein, das ihn als Kind glücklich gemacht hat. Und der Kaviar, den er sich doch von Zeit zu Zeit hätte leisten können? Der französische Champagner, dem in den besseren Kreisen von Sankt Petersburg auch damals schon eifrig zugesprochen wurde?

Was fehlte im Leben des brillanten Staatsanwaltes, waren die sinnlichen Genüsse. Beim Kartenspiel suchte er Ersatz. Doch Ersatz bleibt Ersatz. Hätte er sich an den Herd stellen können, wäre es ihm (und seiner Familie) vermutlich besser ergangen. Aber damals herrschten andere Sitten. Erst in unserer Zeit hantieren immer mehr Männer mit Töpfen und Pfannen in hochraffinierten Einrichtungen. Marmor und Stahl, wohin das Auge blickt. Ivan Iljitsch hätte sich heute eine Einbauküche bestellt und für seine Frau und ihre Freundinnen den Mixer geschwungen.

Warum auch nicht? Doch Technik ist nur ein Mittel und beinahe sekundär für gutes Essen. Um eine Kartoffel zu kochen, genügt ein einflammiger Gaskocher. Die richtige Kartoffel und die dazugehörende gesalzene Butter zu finden, ist die eigentliche Kunst. Und Kunst macht Arbeit.

Nichts schmeckt so gut wie eine gerade am Baum gepflückte Kirsche. Bei einer Umfrage erklärten französische Meisterköche, dass sie sich als letzte Mahlzeit eine Scheibe Schinken oder Pastete mit einem Stück Brot und einem Cornichon wünschten. Diese Ehrlichkeit ehrt die Meister und bestätigt, dass die Lust beim Essen in der Einfachheit liegen kann. Vorausgesetzt, die Materialien sind gut. Doch damit wird es komplex. Denn dem Wohlgeschmack einer frisch gepflückten Kirsche geht ein langer natürlicher Prozess voraus, eine Anpassung von Natur und Mensch, die sich über Jahrtausende erstreckt.

Inzwischen plant der Mensch weiter. In Singapur, einem Stadtstaat mit beinahe sechs Millionen Einwohnern, gibt es kaum agrarische Anbauflächen. Karotten, Erbsen oder Tomaten wachsen auf Balkonen oder in Hinterhöfen. Kein Wunder, dass dort nach künstlich erzeugter Nahrung geforscht wird. Nach den Indoor-Erdbeerfarmen wird es bald Laborfleisch geben. So wird die neue Welt aussehen, und wer die alte nicht gekannt hat, wird sie nicht einmal vermissen.

Wenn das Essen zukünftig aus Chemielaboren kommt, sind die Gedanken, die hier zusammengetragen wurden, aus der Zeit gefallen. Sie wehren sich radikal gegen eine Küche, in der nicht mehr gekocht, sondern aufgewärmt, gemixt und garniert wird. Was als technischer Fortschritt daherkommt, ist kulinarisch ohne Belang.

Wer um die Herrlichkeit der Natur weiß, sucht etwas anderes. Ja, er wehrt sich, erinnert sich, zieht Grenzen. Vorwärtsblickend, hat er die Vielfalt der Vergangenheit im Auge. Schaut rückwärts in die Zukunft, weil er der allgewaltigen und allwissenden Natur mit Respekt begegnet. Nicht nur der Natur übrigens, auch den Leistungen des Menschen im Laufe der Jahrhunderte, und weil er überzeugt ist, dass beide ein reicheres Fundament bilden als der vorwärtsstürmende, vor nichts Halt machende technische

Fortschritt, dessen Beweggründe Profitgier und Bequemlichkeit und nicht gute Ernährung oder Genuss sind.

Essen und Trinken sind ein biblisches Paar, das sich ergänzt und permanent wandelt – und doch unzertrennlich bleibt. Essen und Trinken bestehen aus Gegensätzen. Rohes und Gekochtes sind Gegensätze wie Flüssiges und Festes, Heißes und Kaltes oder Süßes und Saures. Eine Auster wird roh gegessen, man braucht sie nicht zu salzen oder zu pfeffern, selbst die Zitrone kann man sich sparen. Was zählt, ist ihr natürlicher und wunderbar komplexer Geschmack.

Kochen ist etwas anderes: Hier geht es um Umgestaltung oder Transformation. Immer wird etwas hinzugefügt oder entfernt. Daran ist die Leistung der Köchin oder des Kochs zu messen. Doch der Akt als solcher ist inzwischen eine Form des Widerstands, der mit Händen (am Herd) und Füßen (beim Einkauf) erbracht wird. Das sind die Waffen, die wir besitzen, um uns einer Welt zu erwehren, die unserer Trägheit schmeichelt und unserer Gesundheit schadet. Dazu braucht es weder eine Verschwörung noch Waffen; es reicht, einkaufen zu gehen und sich an den Herd zu stellen. Später, nachdem sich Körper und Seele an gutes Essen und Trinken gewöhnt haben, gibt es kein Zurück mehr. Der Unterworfene hat seine Fesseln abgeworfen und bewegt sich als freier Esser und Trinker im Diesseits.

Neben meinem Computer liegt eine Tafel schwarze Schokolade, die zu 75 Prozent aus Kakao besteht. Sie ist bitter, hat einen fein fruchtigen Geschmack. Die Kakaobohnen kommen aus Haiti, und auf der Rückseite der Verpackung steht: Was dem Gaumen guttut, wird der Seele nicht schaden.